刘｜哲｜作｜品

刘哲——— 著

司法与责任

清华大学出版社

北京

图书在版编目（CIP）数据

司法与责任 / 刘哲著 . —北京：清华大学出版社，2022.5

（刘哲作品）

ISBN 978-7-302-60715-1

Ⅰ.①司…　Ⅱ.①刘…　Ⅲ.①司法－工作－研究－中国　Ⅳ.① D926

中国版本图书馆 CIP 数据核字 (2022) 第 068037 号

责任编辑：刘　晶
封面设计：徐　超
版式设计：方加青
责任校对：王荣静
责任印制：朱雨萌

出版发行：清华大学出版社
　　　　　网　　　址：http://www.tup.com.cn, http://www.wqbook.com
　　　　　地　　　址：北京清华大学学研大厦 A 座　　邮　　编：100084
　　　　　社 总 机：010-83470000　　　　　　　邮　　购：010-62786544
　　　　　投稿与读者服务：010-62776969, c-service@tup.tsinghua.edu.cn
　　　　　质 量 反 馈：010-62772015, zhiliang@tup.tsinghua.edu.cn
印 装 者：三河市东方印刷有限公司
经　　销：全国新华书店
开　　本：145mm×210mm　　印　　张：6.375　　字　　数：118 千字
版　　次：2022 年 7 月第 1 版　　印　　次：2022 年 7 月第 1 次印刷
定　　价：69.00 元

产品编号：095666-01

作 者 简 介

刘哲，北京市人民检察院首批入额检察官，曾办理山西溃坝案，设计并组织研发刑事公诉出庭能力培养平台。

著有《检察再出发》《你办的不是案子，而是别人的人生》《法治无禁区》《司法观》《法律职业的选择》《司法的长期主义》《司法的趋势》《认罪认罚 50 讲》《正义感》等。

序　言

有限的权力，无限的责任

司法责任制主张的是责权利要对等。

也就是有多大的权力，就要承担多大的责任，这是一个正常的逻辑。因为权力越大，决定事情就越多，影响的面就越广。这样的话，一旦不负责任，可能造成的损失就越多，也就理应承担更大的责任。

但是，如果什么也决定不了，还要承担很多的责任，那不是欺负人吗？

现在司法归责就出现了一种现象，那就是有限的权力，无限的责任。

本来司法责任制是放权，没想到权力越放越小，责任却是越来越大。就是谁都可以来追究，这个部门来复查一下，那个部门来复查一下，回头还有来人给谈个话。

一件事，不论什么性质，谁都可以追究，而且是没完没了的追究。

即便是犯罪，也有管辖权的问题，也不是哪个单位都可以立案吧。而且如果这个单位立案了，那个单位就不能再重复立案了；这个检察院起诉了，那个检察院就同一事就不能再起诉了。这就叫责任的有限性，或者说责任追究的不可重复性，但现在好像并没有做到。

还有就是追诉的时效性，这在刑法上是铁律。再重的罪行，都有追诉时效。比如死刑案件也是过了 20 年就不再追究，除非最高人民检察院核准追诉。这个核准率不是 100%，也就是不是每一个命案都会突破 20 年的追诉期。

至于其他的案件，根本就不能申请核准，也就是过期了就过期了。

这样做是否公平？可能有些不公平，好像是放纵了犯罪。

但是 20 年都没有人追究，人生不过几十年，社会已经恢复了平静，在追求实质正义与维护既有社会秩序之间，法律选择了维持现状。这是因为平静的现有秩序也有着极为重要的社会价值。

我们现在面临的问题是：司法的责任重，还是杀人、强奸、抢劫、贪污、受贿的责任重？

如果这些重罪的刑事责任过了追诉期都可以不追究，那么追究陈年的司法责任到底有多大的意义？

如果说有意义的话，那这个意义到底是什么？

如果无限期地追究轻的责任是有道理的，那为什么不无限

期地追究重的责任？这里的逻辑是什么？关键是没有人研究这里的逻辑的合理性。

因为没有人对司法责任立法，司法责任的追究缺少法律依据，缺少理性的制度设计。在司法这个最讲究理性的领域，奉行的却是非理性的规则。

这种非理性不仅体现在空间和时间的无限延展上，好像通过对空间和时间的无限延展就可以体现从严要求，这样自动地就能把事情办好。

这就和把法律制定、执行得无限严格和苛刻，就能够把社会治理好的逻辑是一样的，是一种厉而不严的逻辑。苛刻，但却很难贯彻，最终要么是完全不能得到贯彻，要么就是让那些敢于突破常规发自内心想办好案子的司法官被误伤。

真正好的法律是严而不厉，是法网恢恢疏而不漏；是能对问题及时处理，也能够充分合理地容错，并能够鼓励创新和突破。

改革一定会突破现有的习惯和秩序，但不改革一定没有进步。

司法的进步也需要不断突破现有的司法习惯，不断与新的实践和新的诉求相契合，那就必然要形成新的司法逻辑，必然与既有的司法逻辑形成一些冲突。好的司法责任归责原则就要从实质上包容这些司法进取心，只要程序是公正的，是出于公心的就要鼓励。

司法责任需要的不是有错必纠，需要的是容错。需要的是判断这个错是不是真的错，这个错的原因是什么，初衷是什么。

就像司法官考察犯罪原因一样，也要看看是不是有情可原，有没有正当防卫和紧急避险，有没有期待可能性，是不是情节显著轻微，也要结合常情常理和常识。

那么，我们在考量司法责任的时候，不是也应该考量这样的要素吗？不是也要结合着司法的常情常理和常识吗？不是也一样不能机械执法吗？

如何避免机械执法？如何避免不问青红皂白的盲目归责和扣帽子？

程序是最重要的法宝。

司法之所以能够成为最严谨的人类活动，成为裁量最重要的社会矛盾的处理机制，就是因为它有着非常严谨理性的诉讼程序。

不是我们不相信人性，我们只是害怕失去程序约束的人性恣意。因为很多恶意都是披着公正的外衣的。

有没有控辩审的基本程序构成、严谨细致的诉讼程序才是区分现代法治与恣意的人治的基本标志。

同样，我们也可以说，有没有严谨规范的追责程序就是区分司法责任制是否正当的基本标志。

可以说，在没有建立准司法性的追责程序之前，司法责任制还不能称其为责任制，因为它既不司法，也没有责任，更不能算是一项制度。

启动追责程序缺乏明确的依据，完全没有追责期限的约束，在审查判定司法责任的时候，也没有给被追责人充分辩解的机会，更没有一个公开透明的听证程序可供遵循；追责人员也没有依照合意制度，更不要说被追责人申请复议复核和申诉的机会。更有甚者，还有不具备独立司法权的人来单独地判断其他司法官权力行使的妥当性的问题，这本身就存在妥当性的问题。

诸如此类的问题让司法官面临的风险重重，让司法官在公正履职的时候也要战战兢兢，越来越有限的权力容易遭遇没有边界的责任，这实际上成了一种职业风险。

但是那些真正拍板做决策的人，其权力越来越集中，其责任却越来越有限，很少有真正拍板的人被追究司法责任。

那些被追究责任的人很多只是拍板之后的执行者。这就又形成了一种责任倒挂现象。

权力与责任成了反比。这是我们真正需要反思的地方。

司法责任不应该成为无妄的风险。司法者必须保有一份自信与从容，才能把案件真正地办好。只有放松下来，才能发挥出最佳的水平，这是一种良好的司法心态。

良好的司法心态需要宽容、公正、透明的司法氛围，需要信任与包容，而不是猜忌与苛责，是与有限权力所匹配的有限责任，而不是与有限权力越来越不匹配的无限责任。

无限的责任一定会把人压垮，因为它的压力无限大。而人的抗压能力是有限的，人的创造性必须要在相对宽容的场合才能施展开来。

　　司法关注的是社会越来越复杂的生活，必须以越来越复杂的思路加以创造性的应对，才能保护住社会的创造性。

　　只有司法的包容，才能营造社会的包容，因为司法是社会的元规则。

　　从这个意义上讲，司法的内部氛围将会影响社会的氛围。

　　冷漠是会传染的，人性却可以融化冰雪。

　　司法者期待着职业场域的春天。

　　　　　　　　　　　　　　　　　　刘哲

　　　　　　　　　　　　　2022 年元月于北京西直门

目　录

第一章

司法与风险

什么是复查?

在学校学习法律的时候我从来不知道"复查"这个词,但在从事司法工作的时候我却无法忽视这个词。

而且越是深入了解司法实践,越是感到这个词的分量和影响,以及它模糊的内涵和权力属性。

这个词从来不是一个学术性的概念,也很难对它进行准确、清晰的定义。而且它往往又以非常多的面貌出现,比如自查、报备、重点关注、评查、检查、反视等形态。究其本质,它也就是一种司法反刍行为,是通过行政化的方式来评价司法案件的行为。这种行政化的方式是和司法的方式相比较而言的。如果采用司法的方式,那就是二审、重审、再审,至少也是申诉案件的听证审查方式。

行政化是复查的底色,但评价司法行为却是复查的功能。

可以说,它就是行政对司法的评价,不是司法对司法的评价,也不是司法对行政的评价。这种模式本身也体现了两者的关系:司法仍然处于被管理、被审视、被评价的地位。

我在基层院工作的时候，对这个词的理解是自查和报备。

自查是因为捕后无罪处理。所谓的捕后无罪处理并不是全都判无罪，这种情况还是非常少的。大量还是不起诉，无论是相对、存疑还是法定不起诉都说明逮捕有问题，只是程度有所不同。相对不起诉，虽然也认定构罪，但也说明逮捕质量不高。因为逮捕要求有期徒刑以上刑罚，而相对不起诉显然是认为没有必要判处刑罚，二者这就差得远了。

存疑的问题就更大一些了，虽然逮捕的证据标准与起诉有一定差别，但至少是有证据证明有犯罪事实，而存疑不起诉就意味着证明不了有犯罪，这就从证据标准上将逮捕适用的正当性给否定了。

法定不起诉就更是严重了，简直与判无罪差不多了，几乎就相当于一个错案。

即使是捕后判缓，也是逮捕质量不高。因为逮捕的前提是有期徒刑以上刑罚，这个刑罚指的显然是实刑，而不是缓刑，否则就无法解释逮捕的必要性。

以上种种情况如果发生，都要撰写自查报告，这是当时审查逮捕部门的习惯，先由下级院自己写自查报告报到市院，再由市院进行进一步的质量把握。

这种质量监控机制就导致了批捕部门与公诉部门的矛盾：一旦捕后不诉，往往就意味着要写自查报告，就意味着要有问题案件，这简直是给批捕部门找麻烦。因为如果起诉也不见得一定判不了，但是一旦不起诉就彻底完了。

很多人以为，同一个单位的同事可能互相迁就一下，但情况往往恰恰相反，他们之间更不能互相迁就，因为公诉还要面对法院的压力，一旦起诉了，压力就是公诉部门的了。所以在检委会上经常能看见两个部门剑拔弩张。但这并不是内部的制衡，只是外部的制衡在内部的投影而已。

批捕的自查报告往往会强调一些客观理由，比如检法认识分歧、与公诉部门的认识分歧，主要集中在逮捕必要性方面。在证据问题上，则可以强调批捕证据和公诉证据标准的差异性，这里既有认识分歧，也有新证据的问题。因为捕后或者公诉阶段退回补充侦查，往往会发现一些新证据，比如翻供、翻证或者新出现的证据，也是有可能的。而法定不起诉的时候，往往也存在对证据的认识判断问题，比如职务犯罪的主体身份就是一个十分复杂的概念。

到了公诉环节，往往就不用自查了，如果有问题，上级院会自己复查。为了减少复查就要经常备案：不起诉、撤回移送审查起诉、改变定性、减少事实、改变法定量刑情节、撤回起诉、无罪、抗诉等，还有一些特定类型的案件也要备案，总之是这也备案那也备案，备案规定繁多，有些规定还不好找。这些备案还往往没有下文了，这些备案自称是为复查做准备，后来也成为重点关注的了。因为这些案件加起来每年达数千件，每一件都从头到尾复查一遍是根本不可能的。

后来我到了市院工作，也从事过一些复查的工作，就发现复查主要是一个自上而下的权力，而不是相反。

比如下级院经常向上级院提请抗前指导，但上级院经常不同意，导致明明有道理的抗诉理由却无法得到支持，令人气馁。我也纳闷儿过：分院的案件质量，尤其是支抗和撤抗，包括抗前指导是不是有点过于随意了。但是作为下级院是没有权力批评和质疑上级院的，上级院可以批评你不会办案，但你不能反唇相讥。同样，上级院可以复查你的案件，但你却没有权力复查上级院的案件。

市院的复查工作是相对专业化的，每个人一般负责一两类案件的复查工作，不仅要对个案进行评价，还要对类问题进行梳理，对案件数据进行分析，每年还要形成专门类型的案件质量复查报告。在这个报告中既要有数据，又要有宏观的分析，也有一些以点带面的问题案件作为例证出现。

这些例子最后会出现在整体的质量复查报告、复查案例专刊，甚至主管领导的讲话当中。同时，这些例子，包括数据的描述也会成为对下级院的评价依据，下级院也会将这些案件的出现频次、严重程度，视为自己的问题而予以不同程度的关注。

从整个复查的过程来看，往往并没有诉讼化的流程，比如对问题案件要控辩质证，举行听证会等。复查人既做检察官也做法官，往往自行启动程序，也自己决定结果，当然也要经过一定的层级汇报。

复查的程序也因人而异、因领导风格而异：严谨一点的，一般要听听原案承办人的意见，甚至在作出决定前要让基层院承办人和分院承办人带卷汇报，给人家一个阐述理由的机会；更加严谨一点的还要审阅侦查卷、检察卷、审判卷的全套卷宗，甚至进行实地走访。

但是做或者不做这些都没有明确的依据和规定，没有哪一个环节是必须的，可能只有向领导汇报是必须的。

这就导致有些复查的流程相当简单，有的甚至是看看审查报告和判决书，就将判决的理由作为否定起诉理由的依据拿来说事。因为判决在不支持公诉意见的时候总会有一些说理内容，这些内容正好就为复查准备了现成的论据：无须重新组织语言，只要把判决理由的部分抄录一下就可以了。

就比如我在基层院的时候，有一个案件被改变了定性，当时想抗诉，分院没有支持，后来市院也给我打电话，说他们要把我这个案件写成一个复查案例专刊，这就相当于搞成一个负面典型。我跟他们说这个案件不典型，检法存在认识分歧，各有一定道理，不好说谁一定是对的、谁一定是错的，而且我们想抗诉，当时分院没有支持。最重要的是，这个案件上诉了，目前判决尚未生效。可是我解释完没多久，复查案例专刊还是出来了，就是以判决的理由来否定我的定性意见。虽然我也有反对意见，但是反对无效啊。

可是没过多久二审判决下来了，二审判决在没有抗诉的情况下，改变了一审的定性，又将定性改回到我的指控定性上来。我就把这份二审判决给市院寄过去了。等我到了市院工作的时候，我还想找找那份案例专刊，但怎么也找不到了。

这就启示我们，复查是一件非常慎重的事，应该非常慎重地使用这个权力。

如果使用不好，就像上面这个案件，会破坏上级的权威。上级虽然有批评下级的权力，但是如果这个批评最终被法院给否定了，那就相当于打自己脸，简直是闹笑话。

这也是检察机关复查案件的尴尬局面，就比如对不起诉案件的复查，虽然每年都点出很多问题，有些措辞还比较严厉，却很少有直接纠正的，也就是很少有撤销不起诉决定、指令起诉的。很大程度上这就是在顾虑法院能否下判，能否认可上级检察机关的意见。

尤其是那些涉及证据问题的案件，复查起来是极为棘手的，因为这必须要耗费与承办人相当的精力去重新审查这些证据。但由于一般无法再提讯嫌疑人，所以导致对案件信息认识的完整性肯定是打折扣的。

而且，证据问题是见仁见智的，不同的人很难得出完全统一的结论，尤其是证据链条上存在缺口的案件。再说了，那些复杂案件哪有几件是完美无缺的呢？

对这些案件提出批评意见是很容易的，但是如果要自己上手起诉恐怕也没有几个人会干。

这也暴露了复查工作中事后诸葛亮的问题。复查时以挑剔的眼光看看这，瞧瞧那，提出点不同意见，挑挑毛病是很容易的。

但是在现有的侦查水平下，想搜罗到所有想要的证据谈何容易？而且在与侦查机关的沟通配合上，换成复查人自己，效果也未必更好，更不要说自行补充侦查了。

因此复查往往存在眼高手低、想当然的问题，觉得应该怎样怎样，这个地方没做到，那个地方没做好，但是没有真正考虑一下现实的可行性，以及换做自己又能否做到。

因此，复查人需要有一颗同理心，需要对承办人有一份了解之同情。强人所难的批评，虽然满足了复查人批评的欲望和权力感，但并不能真正获得承办人的信服，也无助于司法水平的提升。

不要说别的，就看纠正多少就行了——不是追究多少人的责任，不是指出多少人的错误，而是有信心将这些错误通过司法途径纠正过来。比如你说不起诉有问题，这不算厉害，厉害的是看你能撤销多少不起诉，指令多少案件提起公诉，最后还判决有罪。既然认为不起诉有问题，又不敢决定撤销不起诉、指令起诉，那就说明这个批评是没有底气的。

同理，认为起诉有问题，或者判决有问题，比如量刑轻重、法定情节、遗漏事实的问题，也不是看指出多少问题就行了，而是看能通过抗诉、自行决定再审等方式纠正多少问题。

不能纠正的问题，往往不是真问题；不能要求改正的纠错，也必然减损纠错的权威。

更重要的是，缺少程序保障机制的复查方式，难以获得与司法相当的程序正当性，从而难以避免主观恣意，会破坏程序正义的价值。这是用行政程序来检验司法程序的悖论，因为显然司法程序的严谨性和程序充分性要高于行政化的程序，这也是其作为矛盾纠纷终局决定者的原因。

用简单化的、缺少程序保障的程序来检验复杂的、具有充分程序保证的程序，本身就是一种诤论。

我认为复查可以作为司法纠错启动的前置程序，比如冤假错案先复查，后启动再审纠错，但复查不能直接作为判断司法程序正当与否的充分程序。在复查中发现案件可能存在问题时，可以启动司法程序，在检察环节可以启动听证，在审判环节则是启动再审程序，通过合议庭审理的方式作出最终处理。也就是只有用司法的方式判断司法的问题才具有程序的正当性，通过司法的程序推翻之前的司法裁决，再启动司法责任追究机制，才会更有说服力。

复查的启动要坚持谦抑原则

复查具有极强的行政属性，想要推翻通过司法程序作出的司法裁决，如果不以充分的程序加以保证，既难以防范主观恣意，也不具备为人信服的正当性。长此以往，必然有损司法机关的公信力，以及司法官对公正的信仰。

有道是，无程序不正义。

复查程序的建构是司法管理者的自我约束，也是对司法官职业安全感的有效保护，有必要加以研究。

复查主要是针对生效案件进行的，如果是未生效案件，通过程序内的措施就可以纠正。

既然是生效案件，那就有既判力的问题，不能轻易动摇。

我们熟悉的审判监督程序抗诉，其启动条件就要比二审抗诉严格很多。而且还要由本级检察机关提请上级检察机关向其同级审判机关提出，一般来说就是要经过两级检委会的讨论决定，不可谓不慎重。

当然，法院也可以自行决定再审，检察机关也可以提出再审检察建议，但它还要经过立案审查程序，这个立案审查程序的期限一般为一个月，立案审查通不过，连实质的开庭审查都不会进行，更不要说司法裁决了。

这一系列的程序限制，就是在保护既判力不被轻易动摇。

那么为什么要保护既判力？

因为既判力包含了司法权威。司法具有终局属性，终局的意思就是到此为止，根据二审终审制度，那就是最多二审也就结束了，如果一审后没有上诉或者抗诉，经过一段法定的时间，一审裁判也就生效了。

不批捕、不起诉有复议复核程序，也有一定的救济程序的意思。

这些司法裁决经过了必要的期限或者程序后，就尘埃落定了，这就是司法的终局性。这个终局性不能轻易动摇，实际上就是在宣示司法裁决总体上是靠谱的、稳定的，是能够定纷止争的。而不是判了也没用，还要没完没了，那样司法就不会给人以安全感，也就没有人愿意信服。

《刑事诉讼规则》第594条就限定了经申诉反复复查的行为，该条文规定：对不服人民法院已经发生法律效力的判决、裁定的申诉，经两级人民检察院办理且省级人民检察院已经复查的，如果没有新的证据，人民检察院不再复查，但原审被告人可能被宣告无罪或者判决、裁定有其他重大错误可能的除外。

如果允许有不同意见的人闹个没完，直到他自己满意为止，这就苦了那些老老实实服从法律的人。遵纪守法的人有理的时候，即使裁决支持了他们的意见，但是由于被害人的反对，他们也永远不得安宁，最终导致他们无法获得合法的司法利益。

这样看来，如果既判力得不到保障，那就意味着谁能闹，谁的利益就能最大化。这不仅会让老实人吃亏，更是显示了一种不公平。

如果不能确保司法的终局性，通过司法所确立的新的法律关系，永远也不会建立起来，社会经济生活秩序就永无安宁，没有安宁也就无从发展。

因此，复查的启动有必要建立一个受理审查程序。

必须经审查，符合一定的条件，才能正式立案复查。

这个条件，有程序性的条件，比如经转了一定的程序。还有实体性条件，比如有证据线索显示原司法裁决存在错误的可能性。仅凭主观臆测，不足以启动复查程序。比如一个案件，检察官在起诉过程中增加了罪名，一审判决认可，二审判决没有认可。被告人认为检察官错误增加罪名，就不能仅凭被告人的怀疑，以及二审没有认可的事实而启动复查，还要有检察官因故意或者重大过失而错误增加罪名的线索，比如检察官报复被告人的不认罪，以增加罪名泄愤，或者故意捏造证据罗织罪名。如果没有这些线索，仅因法律认识不同，就没有启动的合理性和必要性。

也就是无过错，不复查。没有重大过错的可能，则无复查的必要。

只要有复查，就会动摇既判力的稳定性，就会使司法秩序和司法权威受损，这个受损一定要有重要利益的获得为代价才值得，也就是非常有可能纠正一个错案，那样才值得折腾一回。

如果案件问题不大，或者根本就没有什么问题，也要折腾一番，那样司法秩序就不稳了。因为这就意味着每个案件都可能被折腾一番，每个司法官都会忐忑不安，已经确定的社会关系也可能发生松动。

如果折腾一番，并没有足够多的收获，那这样动摇既判力的损失就更划不来了。如果为了证明不是随便折腾，而硬找出一些问题来说，那样对既判力的损害就更大了。因为这就意味着，每个案件都可以考虑再来一次，谁都没有安定可言。不仅是司法官的内心无法安定，从而导致办案的失误增多——过度紧张会增加失误概率，这是一个基本的心理学法则。

既然每个案件只要翻开来看就可能有新的变化，而翻开案件又没有太多门槛的话，那就相当于鼓励不断地挑战既判力，让司法秩序一直安定不下来，那通过司法的建立秩序的目标就落空了。

这样，司法的公正性就总是处于一种被审视的状态，永远也无法实现、落实。

这些都无法实现，那司法的效率也就不存在了。

司法是社会的元规则，元规则都无法获得安定性，那其衍生出的其他社会规则就更加无法获得安定性。

司法的复查与司法本身是一样的，那就是不能过度随意，必须坚持一种审慎的态度。就像没有证据支持，不经严格的程序审查，一个人不会轻易被立案侦查、逮捕和起诉。

司法官办理的案件也是一样的，没有必要的证据支持，不经严格的程序审查，就不应该轻易地启动复查。

因为复查和刑事诉讼一样都具有污名性，程序本身就是一种惩罚，非必要不可为。

复查审查的实质化

复查审查是对司法审查的检验、评判,在标准上理应高于此前审查的精细化程度,否则如何有足够的底气推翻之前的结论,甚至据此追究司法责任?

但是可惜的是,复查审查并无明确的流程、程序和标准要求,缺少必要的程序性约束,对于实质化程度也没有硬性的追求。

因为复查工作中并无以审判为中心的诉讼制度要遵循,也无庭审实质化的要求需要满足。

复查也缺少必要的控审分离机制,也就是主张追责的一方,与最后确定是否追究责任的一方,可能就是同一方,甚至就是同一人。这个过程中并无控辩审的三角构架,无法支撑一种相互制约的诉讼机制。

这就导致复查审查的实质化是无人监督、无人约束,也就是无从保障。

1. 复查期限没有限定

根据办案难度和案件严重程度，刑事案件的处理分为速裁、简易、普通三种程序，每一种程序的办案期限和要求都有所不同。

办案期限直接决定了实质审查的基础，如果只给一天或者半天时间，很多时候连卷都看不完。即使是速裁程序的办理也是稍显仓促的。

要复查的案件，有可能是在司法处理上有一定问题的，或是证据判断的问题，或是法律认识的问题，这都需要一个思考的过程。这个过程一定要比原案的审查更深一步。

不仅要复查原案如何处理更加合适，还要判断原案在处理上如何不合适，是否有过错。这相当于办理了两个案件，而且标准一定更高。

起诉或审判的标准，是事实清楚、证据确实充分，相比之下，推翻原案的标准不能低于此规定。因为这涉及对司法官行为的评判，理应更加专业和审慎。

这种专业和审慎是以充分的审查时间为保障的。因此，特别有必要根据复查案件的难易程度确定最低的复查期限，并允许适当的延长。

如果急于在短期内得出一个结论，对同一个问题的审查就有可能不如原案办得精细，在这个情况下贸然得出一个结论，并追究一定的责任，就有可能酿成内部的"冤假错案"。

而且这种"冤假错案"到头来更难纠正，因为缺少必要的复议复核、申诉、上诉等救济途径。

因为复查缺少案件化办理的机制，复查报告可能都很简略甚至没有。复查程序也需要必要的审批痕迹，如果复查程序本身都缺少归档等机制，等到最后想反查复查本身有没有问题时，都可能无处着手。

2. 复查的认定过程缺少必要的标准

复查是不是也应该讲"案件事实清楚，证据确实充分"？

但是这里并没有一定之规。

对案件的办理可能有怀疑，发现审查上可能有疏漏，但这也可能是理解问题，这里边有时候是一种一对一的证据。在这种情况下，在司法程序中肯定是疑罪从无的，都起诉不了，判决更不现实。

但是复查不一样，只要有一点疑惑，虽然也有一些合理性的解释，但只要复查的人认为这个解释是站不住脚的，就可以不考虑这个解释，而直接认定确有责任。那么，这个认定标准到底是什么呢？

是不是可疑就是有罪？

证明到什么程度才能进行责任确定？在这里，要考虑两个问题。

一是对于需要纠正的案件，可以从"案件事实清楚，证据确实充分"的标准出发来审视原有案件，在有一定证据可以证明原案件事实不清楚的、原案的证据是不够确实充分的情况下，就可以推翻之前的有罪认定。这也体现了疑罪从无原则与既判力原则的平衡。

二是案件有问题，并不等于司法官有过错。在认定过错的时候，也要坚持"案件事实清楚，证据确实充分"，也就是认定责任的事实也要清楚，认定责任的证据也要确实充分，否则就不能认定责任。

基于疑罪从无原则推翻原有案件的结论是可以的，但也要有一定的证据能够证明此前的既判力可以动摇。也就是是否一定可以推翻原判，此时证明责任在司法机关，不在被告人。

认定司法责任，举证责任在复查一方，而不在被复查一方。此时，是不是有一点嫌疑就可以"定责"？我认为，必须同样地坚持无罪推定原则，在没有清楚的事实和充分的证据之前不能认定任何司法官有司法责任。这应当成为复查制度的基本原则，这也是程序正义的基本内涵。

3. 复查决定的作出缺少必要的程序规则

到底由谁来作出复查的结论，甚至是责任追究的结论？是不是要坚持必要的亲历性原则？是不是也应该坚持谁复查谁决定，谁决定谁负责？

因为复查也应讲亲历性，甚至要高于原案审查时的精细化程度，才能获得复查决定正当性的来源。

你要看得比别人深、比别人透，才会让人心服口服，如果根本没看明白，很多点看都没看到，甚至看错了，又在仓促之中得出了一个结论，那这个结论很有可能就是错的。

错误地推翻原来正确的结论，那就与复查纠错的目的背道而驰了，这就是内部的冤错案件。这种冤错案件会让司法官的司法行为失去预期，导致其不知如何正确履职，从而在混乱之间产生更大的问题，并让他们失去对司法工作的信心。

实务中，更多的时候是机械地纠正一些形式上的问题，这些问题是复查人本人也未必能够避免的，有些就是在复查过程中也会犯的错误，甚至将司法辅助人员的责任，硬是追究在司法官的身上。如果仍然坚持这种机械性的判断标准，那就更容易产生内部机械执法的效果。而这种内部的机械执法会促使产生外部机械执法效应，也就是司法官会尽量从条文上来理解，而不是从实质上来理解法律，不再考虑司法的终极价值，尽量选择明哲保身，从而尽量避免进行任何具有开拓性意义的工作，这必将以损害案件的效果和影响司法职能的发挥为代价。

还有的时候，复查者所秉承的司法理念并非最新的司法理念，但其本人浑然不觉，仍在陈旧观念的指导下复查最新的司法案件，这难免产生扼杀司法观念更新和阻碍司法改革推进的后果。保守的成为安全的，革新的容易产生风险，这也会遏制司法的进步。

所以，复查应该坚持更加严格且明确的程序规则和证据标准，将司法行政化的权力约束在笼中，避免产生随意性的负面效应。

复查审查的实质化应该与司法审查实质化和庭审实质化一样，成为司法发展的基本方向。

复查程序的建构

司法程序之所以公正，就在于程序的严谨和充分。

对司法案件的复查想要获得真正的正当性，就需要在程序的严谨性和充分性上下功夫。

否则同样是审查，如何证明你更加公正，而我不够公正呢？

就比如纠正冤假错案，前期当然也有复查程序，但最终要想纠正，那就必须启动审判监督程序，而不是通过复查报告拍板说你错了，原审被告人直接释放。这显然是不合适的。

从这个意义上看，复查程序只是司法纠错的准备程序，而不是司法纠错程序本身。

我们也见到一些情况，通过复查发现下级院不起诉决定适用错误，而予以纠正，要求下级院直接提起公诉。看起来好像是通过复查就能够直接实现司法纠错。

但是这个纠错也必须经受司法程序的检验，比如让下级院起诉，法院最后一定能判决有罪吗？即使一审判决有罪，被告人还是可以上诉，还可以启动二审，而二审未必会判决有罪。如果审判机关最终判决无罪，最终证明，下级检察机关原来的不起诉决定是正确的，那么这个复查程序是不是相当于自取其辱？这个复查程序所作出的纠正结论，最终被证明是错误的了，那对这个错误，是不是要承担司法责任？

如果说复查也是人的一种审查和判断，那就一定也有错的可能。也就是说，并不是只要复查就一定是正确的，被复查就一定是错误的。

还有一点，即使复查得出了结论，也无法立即发生效力，它还需要后续审判监督的司法程序予以确认。

如果是审判机关的复查程序，也还是要启动审判监督程序，通过审理程序判断是否需要纠正。如果这个审理程序也是实质性的，也是遵循以审判为中心的原则，那一定也具有不确定性。也就是审判监督程序的启动未必一定按照启动者的意志来走。

从这些意义上来说，将复查程序当作司法纠错程序本身来用是一种误读，是缺少程序正义观念的体现。

用一个不如前程序严谨的方式纠正前程序，是一种理智的行为吗？显然不是。

所以这个纠错程序应该由复查程序和监督类司法程序复合而成，也就是通过复查进行启动，通过监督类司法程序最终进行判定。而监督类司法程序的严谨性一般要高于普通类司法程序。

同样，监督类司法程序的启动标准也要高于普通刑事诉讼程序,比如不是所有申诉都会引发再审,否则既判力将不复存在,社会秩序也将得不到安宁,重要的是法的安定性也将不复存在。

随意启动审判监督程序,不仅是折腾司法官,更是对法律秩序安定性的破坏,所以启动标准要格外严格。

这种严格性还要通过对复查程序的严格控制加以保障。

司法责任制的目的在于体现职业化、专业化、精英化,也是通过严格程序的筛选来确保司法公正性,所以只有员额司法官有办案决定权,而司法官助理不能独立办案案件。如果司法官助理能够独立复查案件,从而否定员额司法官的司法决定,那么这个程序是否严谨,是否符合更加严格的程序标准?

司法办案讲究亲历性,要阅览卷宗,提讯犯罪嫌疑人,听取辩护人意见,听取被害人意见。有些还需要亲自调查取证,核实犯罪现场,并制作详尽的案件审查报告,根据权力清单的规定进行相应的审批。

那复查是否需要进行亲历性的核实工作呢?我认为,至少应该完整阅览案卷、制作详细的复查报告。如果只是阅览了案件审查报告,从而制作了极其简要的复查报告,甚至都没有写完整的复查报告,这是否能够体现亲历性的原则?能够在多大程度上体现出"更加"精细和严谨?如果做不到,如何能够让人信服,又如何能够确保复查结论的准确性?万一有些地方复查者根本没看到,或者看错了呢?如果这样就得出结论,从而纠正一个本来正确的司法决定,那它造成的伤害会有多大?这不就相当于将正常人推上手术台吗？

我们常常把冤假错案当作污染公正的水源。那么冤枉了一名公正的司法官呢，那不就污染了源头的源头吗？

司法办案有固定的期限，具体程序根据案件办理难易程度有所区分，那么复查是否有相应的繁简分流？是否有相应明确的法定期限，从而保证必要的复查和判断时间？如果时间都不能保证，那如何能够保证复查的严谨性？

另外，司法者要还明白一个道理，那就是程序本身即惩罚。也就是将被告人拖入讼累本身就会对其身心产生极其负面的影响，比如将一名见义勇为的好公民当作一起故意伤害的嫌疑人而反复调查。也许在某一个程序节点上，有司法官突然意识到，其实他是正当防卫者，他不应该负任何责任，反而应该得到表彰。在上述情况下，不要说表彰不太可能了，迟到的荣誉也都已经变了味。最重要的是通过一系列的煎熬，在看守所走这一遭，好像他也看尽了世态炎凉。因为通过走这么一遭，他周遭的社会关系早已断裂，司法赔偿根本无法弥补这些精神上的损失，包括失去的融洽关系，甚至是幸福的家庭和上升的职业通道。

这些代价下来，下一次出现危险的时候他还会出手吗？他会不会害怕再次被司法机关误解？如果他迟疑了，那就是错误调查程序本身的恶果。

程序不需要一定等到结果：它开了头了，你就消沉了。

如果这个人是一名司法官呢，如果是司法官遭遇了一场不公正的复查呢？他会不会消沉？他的消沉对司法公正将产生什么样的影响？

有一些行为看起来完全符合规定，却是没有温度的，是冰冷而机械的，虽然挑不出什么毛病，但它寒气逼人。这些行为看似符合规定，但却背离了内心，背离了人的关怀。这样的司法官只看到了案子，而没有看到别人的人生。

这一切很可能就是从他自己的人生没有被别人看见开始的。

刑事司法的风险

　　以往都是强调刑事辩护的风险，主要是执业过程中遭遇的种种阻挠，权利得不到保障等。所幸这一问题逐渐得到了越来越多的关注，律协、律师职业群体的影响力也越来越大，形成了一种很强的维权力量。同时，刑事诉讼中人权保障的意识也不断增强，总体的职业环境在不断好转，刑事辩护的风险在降低，成功概率在加大。

　　在这个过程中，我们将刑事司法默认为风险的对立面，感觉司法官队伍好像非常稳定，毫无职业风险可言。事实上完全不是这么回事，刑事司法的职业风险在逐渐提高，但司法官维权的能力却十分薄弱，很多时候都不如律师群体。长此以往，必然会动摇刑事司法官的信心。

　　这里的风险主要不是指腐败的风险，因为这种风险毕竟是咎由自取，无论是刑事司法官，还是刑辩律师，在讨论职业风险时主要指的都不是这方面。

所谓的风险主要是指在合法的执业过程中，遭遇到不公正对待的可能性，也就是被冤枉、被误解、被猜疑、被排斥、被苛责的可能性。

典型的例子，可以参考《沉默的真相》中的江阳，也就是那个为了纠正冤案反被冤枉的检察官，这就是职业风险。当然这是一个虚构的例子。

真实的，我见过的也有。一位检察官为了追诉漏罪，追加起诉罪名，一审被法院认可，但没有被二审法院支持，因此被告人控告他滥追诉，他也差一点被问责。这就是真实的职业风险。

刑事司法的风险主要来自几个方面。

一是刑事案件责任重大，关系到人的生命、自由、名誉，是最严格的诉讼程序，涉及最严厉的法律责任，从而司法者也必然背负了最重大的司法责任。

二是刑事案件广受关注，牵一发而动全身，有些案件万众瞩目，这种关注度不仅是司法压力，也必然形成更重大的司法责任，从而不允许有一丝一毫的错误或失误。

三是刑事案件量大，以刑事检察来说，占到检察机关工作量的 90% 以上，但仅有 20%～30% 的司法人员承担相应的刑事检察职能，案多人少问题十分突出。案件量一大，长期高负荷作业，必然增加失误的概率。也就是案子越多，问题越多；案子越少，问题越少。

四是刑事案件的任务不断加码，不仅是庭审实质化、以审判为中心、不断提高证据标准、提高审查的精细化，而且还增加了认罪认罚、确定刑量刑建议、扫黑除恶、诉讼监督、案件等种种专项任务和责任。这些任务都是建立在本来就是十分繁重的基础任务之上的。在任务不断加码的情况下，很少有人问刑事司法官能不能承受得了，相应的人员编制是不是要考虑增加。

五是内部分工不明。助理和书记员的辅助性工作，哪些是要自己承担责任的，哪些是要由司法官承担责任的不清晰，最终导致责任都要由司法官背负。虽然责任要求司法官承担，但助理和书记员的管理权却不在司法官，这就导致司法官需要对助理和书记员的过错承担责任，存在代人受过的风险。也许这就是司法责任制的精髓，但前提是助理和书记员要完全接受司法官的领导才具有合理性，如果无权管理还要代为负责，那就相当于要重干一遍，否则对案件质量根本无法把控。

在这种情况下，很多刑事司法官就有一种无法掌控自己命运的无力感：干得多不但没落好，反而全是问题和责任，因为这有一个概率的问题。如果没有案件或者案件很少，确实归责的概率自然也就很少。而这种归责方式，并没有成为绩效评价的归因方式，案件越多问题可能越多，相应地成绩也应该越多。但是考核的时候往往是只问前者不问后者，在讨论绩效的时候，就会说横向不具有可比性，虽然你办了一百件案子，我只办了一件案子，但是我这个特殊，就相当于你这个一百件，所以我们是平等的。

这样必然会引发劣币驱逐良币的效果，如果办案子少，既可以实现责任少，工作量少，而成绩一点都不少，那谁还愿意干案件多、工作量大、责任大、成绩却一点都不多的工作？从趋利避害的本能来说，人员也必然会向性价比更高的部门流动。

是的，刑事司法部门就是性价比最低的部门。

这里还有一个重要问题，就是在归责时往往是没有规律可循，没有程序作为保障，因此归责的公允性必然无法充分得到保障。既然没有让承办人，也就是被归责的当事人充分参与和申辩，自然也很难得到发自内心的信服。

这就像我们批评庭审流于形式、判决不说理，无法获得充分的司法公信力一样——法律如果不被信仰则形同虚设。虽然惩罚了，但是不够公允，正义无法被看清楚，人们必然会进行暗箱化的联想。即使判决是公正的，人们也未必接受。

目前的归责评价程序，很少有听证化等与庭审实质化相当的程序保障，比如将归责的依据和事实证据公开呈现出来，允许承办人进行充分的辩护，甚至可以聘请律师帮助进行辩护；如果认为归责不公，还可以向上级提出申诉程序。

现在还缺少这样的归责程序，办理了6个月的案件，用了一两天就得出负面结论，而且还不容置疑。如果说，我们批评冤错案件存在不实质审查、主观恣意、有罪推定、先入为主的问题，那么缺少程序保障的简单化归责方式，不是一样可能产生错误吗？而且这种错误更加地难以纠正。

这种归责方式，让司法官无所适从，有时只好选择明哲保身，从而将那些可能会被人猜忌的人性化司法观念收紧，让机械执法大行其道。因为机械执法虽然是僵化的、生硬的，但对自己却是相对安全的，相比之下，显然是自己的安全更重要。

所以，这种风险最终将恶化刑事司法案多人少的现状，使案件质量更加堪忧。为了避免额外的风险，刑事司法官必然会放弃诉讼监督、追捕追诉、轻缓化处理，也就是尽量避免节外生枝，避免自选动作。

但是，如果不冒风险，又如何有所作为？

现代刑事诉讼制度的最大启示就是没有程序的公正，就谈不上实体公正，没有程序保障的权利也无从维护。同样，没有程序的归责，也难以保障公正，而没有程序保障的司法权力，司法官连自己都无法保护。

如果司法官都自身难保，又如何指望他们有能力维护司法公正？

司法工作与情绪焦虑

　　司法工作是紧张的，因为它背负着越来越重的责任和越来越多的期待，以及伴随而来的越来越具体的工作要求。尤其是在人力资源没有同时跟进的情况下，工作节奏的紧张是毋庸置疑的。

　　我多次听说，孕妇在临产前一天还在办案，从单位直接被拉到产房的故事；还有站着打审查报告的，周末经常集体加班的。

　　我也体会过同时有三十多件案件在办的滋味，我知道那意味着什么。

　　但这是身体累，还是可以喘息，可以适当调节的。

　　最可怕的是焦虑，因为它是无形的，是无法摆脱的魔咒，是多加班、多干活也熬不走的情绪。

　　比如入额也入不上，排队不知排到什么年头，而且没有人会给你一个明确的预期。去还是留，成为了问题。在漫无边际的等待中留下来，心又无法安定。

即使入了额，一会儿本地标准说可以不起诉，一会儿又说不起诉不对，需要复查。这让司法官进退失据，内心彷徨而苦涩，无处说理，无从申辩，又非常后悔自己入额。但没有入额的人还会认为这是矫情。于是就有了离开业务岗位的心思，甚至想直接离开司法机关，出去图一份清静。

干活累不死人，但生气能气死人。

如果说只是业务工作的事也就算了。但是越是业务岗位反而越要承担综合性的工作，行政岗位、综合性业务岗位可以轮番给业务岗位安排工作，到头来还是由具体办案人应付，在办案的同时应付这些琐事是极为烦恼的。但是案子要到期了，谁管？案子质量出问题了，谁管？没有人管，所以很多时候是在业余时间办案，工作时间仅够应付这些其他综合性的工作。

而且即使兢兢业业、任劳任怨，甚至忽视了家庭和身体，也未必会换来职业的快速成长，你也会对公平性提出质疑，对工作丧失信心。但因为前期的投入过大，一时还舍不得离开，导致在职业发展路径上的徘徊，在二次选择上的犹豫。

我发现此前有着巨大职业焦虑的人，往往因为职业路径的重新选择而得到了解脱。当然，也可能是强颜欢笑，只是我没有看出来。

压抑的负面情绪得不到疏解，才会产生焦虑。比如得不到信任和鼓励，经常被批评，又无处宣泄。

经常被琐事打断工作节奏，不能安心工作，工作节奏紊乱，

顾此失彼，不敢反抗，又不想忍受，只能暗气暗憋。

进退维谷，患得患失，拿不起放不下，左摇右摆，惶惶不可终日。

待遇不公正，常常被苛责，遭遇内部的机械执法，对公正有着巨大质疑又没有救济渠道，是司法官最无法容忍的。

这些负面情绪如果不能及时消解，必然影响工作质效，也必将通过司法行为传递给当事人，让当事人感到脸难看事难办。很多人说这些司法官根本不在意别人的人生，但他们自己的人生又何尝有人真正在意过？

冷漠是可以传递的情绪，焦虑是可以传染的情绪。

这些负面情绪的化解有两个根本性的路径：

1. 营造更加公平、友善、人性的内部管理环境

让司法官的心热乎乎的，他才能让当事人的心也热乎乎的。你不能指望骂他一顿以后，刁难他半天之后，他回头面对当事人时还会春风拂面。这是不可能的，任何人都做不到。

所谓的人性化司法观念，应该从人性化的司法管理观念入手。

第一是信任，要建立以信任为基础的司法运行机制，让司法官的心能够安定下来，而不是提心吊胆地工作。适当紧张是对的，但不能过度紧张，更不能人为制造紧张空气。

第二是鼓励，正面激励应该成为主流，应该通过不同的激励方式和激励标准来调动热情，要肯定主流和大局。看人还要三七开，要看主要矛盾和矛盾的主要方面，批评只是辅助性的手段。

第三是公平，公平是司法工作的主要目标，更是司法管理工作的主要目标和价值取向。你不能指望一个人遭受到不公平的待遇之后，还能给予别人公平，司法官首先是人。如果司法管理中不能彻底体现公平，想让司法官在司法工作彻底体现公平也是一种奢望。他自己都不相信公平，你让他怎么做到公平？这是非常简单的道理。

2. 司法官要学会心理调适

也就是司法官要学会自我找平衡。虽然我主张公平的管理环境，但是不可能有绝对的公平，公平只是相对的。或者说虽然有不公平的规则，但也一定有公平的规则，否则社会如何进步和发展？

当你看到一些不公平的现象，遭遇一些不公平的事情，可以提出改变的诉求，但是很多时候短期内无法促使环境有根本性的改变。

那么摆在你面前的，就只有两条路：一条路是离开，这条赛道不适合你，你可以切换赛道，它可以让你迅速摆脱在这条赛道上所经历的所有烦恼。但是新的赛道也可能有新的烦恼，有新的不公平。在哪一条赛道上都不可能是绝对公平的，只不过表现形式不一样而已。比如律师行业，虽然自由度更大，但市场竞争就绝对公平吗？也不敢下定论。而且切换赛道是有成本的，需要从零开始，是否能够承受，也要掂量一下。

另一条路是留下来。如果决定留下来，就不要再犹豫了，虽然等待入额的时间漫长，体制内的发展节奏缓慢，还有一些恼人的琐事纠缠，更有不时出现的苛责与非难。如果这些与司法工作的神圣性相比，你都能够忍受，那就至少不要彷徨，这些都是你选择的成本，甘蔗不可能两头甜。

那这些让人烦心的事和环境，是不是就完全无法改变，只能默默忍受？难道忍受就是留下来的唯一出路吗？

我觉得并不是，我并不鼓励完全消极的等待和忍耐，你可以适度尝试改变，比如提出一些改革的意见和建议，表达一些你的想法，让其他人了解到你的感受，有些想法就很有可能转化为现实的制度机制，成为你所处环境的一部分。

你并非对当下的环境只能束手无策，而是可以根据你的地位、职能和能力去做一些适当的改变。

虽然现实并不尽如人意，但不能放弃理想，世界的进步就是靠理想主义来推动的。

理想主义是对抗情绪焦虑的良药，就是在严峻的现实世界中锻造你的理想主义，让你百折不挠，在困境面前依然保持乐观。

在顺境面前保持乐观是容易的，难就难在在逆境面前，在不公正、不友好的环境中，依然保持乐观，并坚定地相信自己能够对环境的改变发挥力量，这才是真的乐观。

就像鲁迅所说的，真的猛士必须能够直面惨淡的人生。因为你的直面，别人的人生才有不惨淡的可能。

检察官与律师到底是一种什么关系？

检察官与律师在对立的时候让人感觉势同水火，在合作的时候又担心被怀疑勾兑。

为了避嫌，是不是只要有律师参加的同学会或者婚礼，就主动不出席，从此杜绝一切物理的和精神的接触？比如在微信通讯录中删除一切从事律师职业的前同事，退出一切有律师参加的微信群？

这显然是一种极端的处事态度，但它反映了一定程度的焦虑状态。

我以为两者的关系定位为"协同进化"更为准确。

进化并不是一个物种孤独的前行，必定是通过与其他物种的相互碰撞、博弈、竞争、沟通、合作才形成的。不是扼杀和毁灭掉对方才能获得成长，而且对方的灭亡也往往是自己的末日，只有懂得与对方相处，才能获得更好的进化，这也是我们保护生态多样性的原因。

检律本为同源，都受系统法学教育，很多有同窗之谊，但是由于职业进化路径和职业生态的显著差异，长久下来俨然演化为不同的司法物种。

因为两造关系，庭上立场不同，进而演变为庭下立场殊异，锱铢必较，势同水火，相煎何其急也。但是进化论的一个启示是：我们要保护对手，才能避免内部衰朽；看似两立，实者唇齿相依。

我们难以想象没有律师的法庭，那样检察官也失去了存在的价值；我们也难以想象没有检察官的法庭，律师如何能够对抗控审合一的法官恣意。这样的场景历史并非没有发生过，前事不忘后事之师。

检察官和律师这两种职业其实彼此成就的，在恶意贬低对手时，也贬低了自己。

关于如何与对手相处，我有五点建议：

1. 公平的对抗

法庭内外的对抗，都不应该寻求规则之外的优势，比如用一些非法律、非法治的手段来打击对手。应该坚持公平竞争的原则，在庭审实质化的背景下，利用好法庭规则，进行公平博弈，无论结果如何，至少确保程序是公正的。

但是现实往往并不完美，检察官如果寻求庭前的公检法协调，律师就可能期望诉诸舆情来平衡对方的不当优势。如果你不理解对方，对方一定会更加不理解你；如果你不尊重对方，对方一定会更加不尊重你；如果你先犯规，就一定不能怪别人也犯规。所以公平的对抗一定需要彼此的克制，需要法治范围的逐渐营造，需要规则意识的刚性执行。

2. 理性的合作

除了不合法的勾兑之外，在合法的框架下理性合作的机会越来越多。

只是很多人不是特别有信心，虽然身为法律人，还是会迷信找关系，认为不会有天上掉馅饼的好事。这些想法本质上是对法治没有信心，他们不相信有理性的、合法的合作关系。

但是认罪认罚的普遍适用，不捕不诉的大幅度提升，已经通过实实在在的数据告诉了我们，检律有很大的合作空间。很多时候合法的沟通，理性的合作，要比私下的勾兑更加可靠，也更加有效，更不要说更加安全了。

3. 相互的理解

有的时候，不理解往往来自于情绪的宣泄，有的时候确实是碰到了一些阻碍，有的时候只是把既有的刻板印象投射到对方身上，从而以一种偏见来审视对方，结果就将一切问题放大，动辄上纲上线。往往沟通起来没有好气，结果自然难以尽如人意。

我承认司法的环境仍有进一步改善的空间，但也绝不是处处都是一个水平，人人都是一个态度。

所谓的理解就是设身处地，就是有一份了解之同情，要知道人人都有一些不得已之处，都有一些无法摆脱的临时处境。我们对嫌疑人的理解，也是要承认没有人是天生的坏人，要尽量思考其走上犯罪道路的原因，从而带着感情去办案。

更不要说检律作为职业共同体，更要体会一下彼此职业的特点和难处。你为别人思考一分，别人就会为你思考两分。你一旦恶语相向，彼此的关系就是无法挽回的。这体现的是最简单的人性。

4. 谨慎的相处

谨慎的相处就是还要相处，而不可能完全隔绝。检察官不可能没有律师的朋友、同学，律师也不可能没有检察官的朋友、同学。他们受着共同的教育，有着共同的求学经历，通过了共同的职业资格考试，彼此的职业又存在可以相互切换的可能，怎么可能完全隔绝？

所谓的职业共同体并不是完全抽象的概念，它是非常具体的。法律人其实都在一个朋友圈，而且这是一个非常狭窄的朋友圈。

我认为这个界限的关键就在于避免利用司法职权谋取不正当利益，这是最核心的红线。所有的交往准则都来自于这一点。当然，这个界限既包括一次性的收买，也包括长期的关系培养和扶植，目标的指向性都在于职权的滥用。如果不存在职权滥用的可能就是安全的，反之就是不安全的。还有就是避免产生不当联想的接触，比如办理具体案件的检律接触就会更加敏感，令人瞩目，并容易引发不当联想。即使没有职权滥用可能，但如果足以引起怀疑和误解，也会对司法公正产生影响。对此，相关文件已经有了一些规定。

目前来看，相关的规定主要从负面的角度对检律关系进行规制，也就是存在负面清单，但是缺少正面的允许接触的规定，缺少一个正面清单。这样的正面清单，让检律可能相对放心地进行必要的交往联系，从而不致让法律共同体的正常交往也被切断，或者出现动辄得咎的尴尬局面。

5. 共同的成长

检律作为法律共同体，需要共同成长的机会，以便在司法理念方面达成共识，共同推动法治进步。

更重要的是，通过制度性的安排，形成彼此尊重、彼此成就的职业范围，在公平的环境中展开竞争，通过竞争刺激彼此能力的提升。任何通过非法手段打击对手的行为都是不明智的，也是非常短视的行为。

虽然律师看似会为检察官开展工作制造很多"障碍"，如果检察官准备不足还会引发相当程度的难堪，这从本质上看还是案件质量和办案人员自身能力不足的结果，并不是律师为难的结果。正面的导向应该是引导办案人员自身能力的提高，而不是让律师高抬贵手，或者让律师不敢出手。

即使在个别案件中最后造成了无罪的结果，从长远来看，这也在提醒我们证据标准需要切实地提高，工作模式需要优化改进，也就是在提醒我们完善自身的机制。

即使在个别地区、短期之内，上述"难堪"破坏了检察机关的公信力，但从长远、整体来看，还是在帮助检察机关提高公信力。这是在帮助我们"抓虫子"。

检察官对律师而言也有相近似的功能，但表现形式显然会有很大的不同。

检律双方彼此给压力，才是真的过招，才会有真的提升。如果只是打和平球，那自然无法有真正的进步。

我们需要的就是一种不确定的、毫不留情的、无处不在的、彼此施加的压力。

因为，压力是最好的老师。

在这种压力之中，我们就实现了协同进化。

第二章 司法与管理

员额制的通路

有些基层院的入额等待时间已经快 10 年了。

也就是一个刚毕业的大学生，在基层院参加工作后，要等到 10 年才可能实质地符合入额条件。

从形式上，上班五六年就符合了，有些入额有年龄的限制，比如达到 28 岁才能入额，导致最早入额的也要 28 岁。

如果你 23 岁大学毕业，那理论上最快只要等待 5 年就符合入额条件了。

当然，这是从理论上来说的。

现实中，很多早已符合入额条件的前辈还在苦苦等待，后边的人就更要等了。因为很多地方的入额规则就是算年资，有些地方再加上业务比赛等成绩，算是一个变量。

所以入额的真实条件就包含了资格条件和资历条件，这样一算，很多地方等待入额的时间可不就是 10 年了吗？

而且即使你快熬到 10 年，也要与五六十人竞争不到 10 个职位，可以说是非常激烈。

很多年轻人等不及就走了，导致年轻人离职率的提高。这是一个结构性的问题，不是事业留人就能留住的。

表面上看，基层院入额论资排辈的现象加重了，领导主观化选择的现象更多了，考试成为相对次要的入额因素。这必然加剧了一些不公平。

这期间还有人事招聘大年小年的问题，如果前几年突然招了好几十人，而这好几十人突然都符合了入额条件，就必然导致竞争加剧，而且导致入额通道拥堵：这一届都没入完，下一届、再下一届就甭想了。但每一届都有非常优秀的人员，你不用他，自有用他的地方的，所以容易导致人才出走。如果招聘比较有计划性，形成人才梯度的话，这种情况就会好一点。

但即使这样也不会从根本上改善。

因为根本上来说，这是员额制通路问题。

因为员额制不是本院的小循环，而是整个司法系统的大循环，唯有循环，才有活水来。

但是从现在起展望开去，在相当长的时间内，也没有循环起来的迹象。

其中员额制的上下级遴选至今没有充分展开就是证明。偶尔有一两个名额作为上下级遴选的职位不能称为实质性的开展。

这是因为目前还是在消化本院的存量，上级院自己符合条件的人还没入完，根本没有动力来遴选下级院的员额。

另一方面，已经入额的员额司法官更替率（包括退休、离职）比较低，根本就腾不出几个名额。想靠自然更替实现员额的流动显然是一种奢望。

举个简单的例子，假设现在基层院的员额年龄平均为35岁，地市级为40岁，省级为45岁，而员额空缺趋近于零。以现在60岁的退休年龄计，分别需要25年、20年和15年才能进行更替。省级院最快，因为平均年龄大一些，那也需要15年，这还需要启动逐级遴选才有可能产生流动，也就是地市级院的员额遴选到省级，基层院员额遴选到地市级院，才能挪动开。如果最高司法机关启动员额遴选，现在就可以发挥流动作用，但是至今尚未正式启动。

也就是从规模意义上来说，15年后，员额才会批量化地流动起来，才会产生代际更替效应。

但是有多少人能够等待？

有人说可以启动淘汰机制，犯错误的就要退出员额，这个是对的，但是如果人家不犯错误是不是就意味着不会被淘汰了？而犯了错误，就一定会被淘汰吗？

总之，这种方法从历史上看，从各个行政条线上看，好像效果都不明显。

这主要是因为，体制内无法真正奉行市场经济中优胜劣汰的法则，所以上面的说法不太现实。

还有人说应鼓励离职。但是现实中很多单位是限制离职，

提交离职申请半年都不批，遴选到其他单位也不放的情况也很多。导致人才淤积，有很多虽然没入额，但不甘于等到 15 年之后才有流动机会的人，就会想先迈一步，这是无可厚非的，因为流动性差的客观现实摆在面前，不能既不给机会，又不让人主动寻找机会。这样还间接挡住了更年轻的人入额的机会，也挡住了更多年轻人在排队的过程中往前迈一步的机会。

这不仅是遏制了一个人的流动，而是遏制了流动的循环。

更不要说，那些本身没有入额的助理，他们没有成为员额，也没有直接辞职，而只是想在体制内改换一下门庭，很多时候就是为了到一些不需要入额的系统中去，从而跳出入额魔咒，有些甚至就是上级机关，去更高一点的地方再排队。即使如此，也还是会被限制流动，一定要求几年内不能离职。即使满了年限，也还要百般设限。

有些时候这种限制生生扼杀了一些年轻人进步的机会，但有些领导也在所不惜，因为这也不是他自己的人生。

这些被遏制住的年轻人，就是被困在排队队伍中的人，而由于他们曾经有离开的动念，会因此再多排上几年，就像是对他们的惩罚。有些甚至会被直接安排到边缘部门，以示惩戒。

这种处置方式，自然是让更多人不敢稍有动念，只好小心把队排起来，虽然那是一条长达 10 年以上的队伍，要耗费他们整个的青春，甚至他们已经开始放弃希望，但放弃无效，只能毫无期待地排着。

这样虽然可以一时稳定了队伍，但是却丧失了员额制最重要的流动性，让这个本来就不好流动的队伍，愈加不好流动。让这个本来就十分拥挤的入额长龙，不排不行，永无止息。

因此，我郑重建议，考虑到员额制流动性的大局，在自然更替率十分低下的情况下，不再要限制离职，让员额制保持当下的适当流动性。

因为任何一个上级院员额的离职，都是下级员遴选的机会，都是等待入额的年轻人的入额机会。既然不能让他退额，也不能让他退休，那为什么要阻拦他的离职呢？

但是即使如此，这种离职的机会也是微茫的，偶发的，无法形成规模效应，只能引发个别的人员流动。

应该多开辟一些道路，比如在上级院，尤其是层级比较高的院，在空缺出一些名额时，应该有意识允许逐级遴选。而且最好是逐级，避免跳级，这一方面是员额制的制度设计，另一方面可以最大限度地增加流动性。这就跟高铁多设一个车站一样，客流量就不一样了。

但这个前提就是员额制有空缺，从这个意义上，开源才是第一要务，那就是有意识引导上级院的员额离开自己的岗位。其实也只有两种方式：

一种是到行政岗位上任职，因为不任职一般愿意流动，当然这样行政岗位的人员肯定是有意见的。但是行政岗位的人员可以向其他行政单位流动，其开放性要比员额要大，因此有必要通过加快行政岗位人员向外单位流出，或者是输出人才的方式来解决。也就是对行政人员更广的横向交流和纵向交流要鼓励。

为了员额制的大循环，考虑到代际更替的缓慢，难以避免会对司法机关的行政人员有一个挤出效应，需要他们适当腾出一些地方，让员额制先流动起来。

现在的情况不是出现了外部的挤出效应，而是出现了内部的挤压效应，也就是行政人员通过以往双跨等业务经历，到业务部门任职、入额，不但没有让员额制流动起来，反而让流动变得越来越难。这是忽视员额制大循环的重要性和自然更替缓慢性的结果。

另一种就是上级院员额到下级院任职。这相当于在员额制这个大池子里扎个猛子。

也就是从上级院到下级院当员额了，当然也是因为任职才能鼓励这个流动。这个流动看起来，也是对基层院的挤压，占了基层院的地方了。但由于其本身就是员额，他并没有增加员额大池子的负担，只是改变了位次。

这个位次的变迁，虽然没有减少员额的总量，但可以带来一个位次的变迁。比如省级院员额到基层院任职后，地市级院的员额就是可以遴选到省级院，基层院的人就可以遴选到地市级院。

如果进一步开放，允许下级院的员额遴选到上级院的行政岗位，这又使员额有了一些新的去处。

也就是要允许上下级在不同岗位之间的流动，允许司法系统向外部系统的流出，更要允许司法人员从体制中向体制外流动，从而通过不同渠道打开员额制的流通渠道，使其在代际更替实现之前，能够最大限度地流动起来。

只有流通才能维持必要的生机和活力，才能保持持久的生命力。

员额制系统论

员额制是一个系统，而且是一个很大的系统，必须以系统论的思维进行体系化的思考和运行。头痛医头、脚痛医脚是解决不了问题的。

比如一个单位一个地区到底有多少员额空缺，又有多少即将符合入额标准的人，每年有多少这样的人，每年可以入多少？这个情况有多少人知道？这个涉及排队要排多久的问题，排队的人知不知道？如果这些都不知道，更不要说他对上级院情况是否知情，他对自己逐级遴选进行职业规划了。

有的地区遴选考试考一次管好几年，有的地区每次都要考，如果十年入不了就要考十次，对于入额考试的效力是否应该有统一的规定？

有的地区每年都坚持举行入额活动，而有的地区不是每年都有，这就导致不少人会被多耽误好几年，这是不是应该有一个统一的说法？

有的地区入额考试的成绩是公布的，有的地区对此讳莫如深，最终还是领导定，虽然考试很辛苦，却不一定有用。这个入额判断的标准，是不是应该统一起来？

员额制改革是与司法机关人财物省级统管大致同一时期推进的，这里暗含了至少要在省级这个层面形成员额制大系统的概念。

根据逐级遴选的要求，员额司法官最终应该形成的是一个全国统一的大系统。

法考已经很多年了，已经逐步规范了，它为司法官职业化、正规化奠定了一个基础。

员额制也有职业化和正规化的需求。

为此，我提出以下四点建议：

1. 入额考试应该委托司法部在全国范围内统一举行

可以参考国家法律职业资格考试的模式，委托司法部举行司法官入额资格考试。

全国统考有三点考虑，一是统一执法标准，确保法制的统一实施；二是提高考试的公信力和含金量；三是为员额司法官的大范围流转奠定基础，为员额司法官的循环做好准备。

委托司法部举行，主要考虑司法部有常年组织法考的经验，另外也能跳脱出检法的框架，更具中立性。

这个全国的统考至少从知识准备和基本素质准备上，能够为员额制把住关，避免让完全不懂业务或者基本不懂业务的人员，只是凭借"综合能力"混入员额制队伍。

这个考试肯定会给很多司法人员带来新的负担，但同时也带来新的公正性保证，所以利弊权衡，利大于弊。

统一员额考试最大的优点就在于其稳定性，比如国家法律职业资格考试每年都会举行，会在大致的时间举行，会公布答案，等等。它有一种超级稳定的预期。

这与目前地方举行的花样百出的员额制考试有很大的不同：要么考题水准不高，要么通过开卷考试等方式让考试流于形式，要么因为种种原因考试的时间不能固定，考试能否举行也不固定，考题的形式也不固定，这使它成为一种不可捉摸、不可预期的存在。这也导致本来就已经等待很长时期的入额问题，变得更加具有不确定性。

而且由于考试是地方司法机关自己组织的，分数线、答案也不公布，考试成绩占入额比重的多少也不可捉摸。这就导致通过考试来确保入额公正性的作用无法体现。

一旦纳入国家统一考试的范畴，入额考试就会变得非常稳定，每年一定会举行。而且从入额年年考，变成入额资格考试，一旦考试成功，就具有长期的入额资格，不用每年为入额考试煎熬。入额考试的查询，分数线公布，都可以有全国性的保障，优秀人才就可以在整个地区调配，从而产生竞争效应和流动效应。

入额考试成绩也比较容易在入额评价的占比中明确规定下来。

2. 入额空缺信息应在省级范围内公开

在省级范围内应该公开各司法单位空缺员额的总数、岗位以及本院符合入额条件的人数，并每年更新信息。这就像停车场会公开剩余车位的信息，医院会公开剩余挂号的信息，铁路部门会公开每趟车次的余票信息一样，它意味着让人家心里有个底，决定要不要继续在这里无望地等待。

信息透明是现代社会的基本规则，它是降低交易成本，促进社会高速流转的前提。就像我们当年买火车票，排了一宿队，等你排到了才告诉你没有票了，其实早就没有票了，只是你无从知道。现在有了购票平台，你就不用付出排一宿队的成本了。

买火车票需要付出的是排一宿队的成本。入额的排队对于一个人而言意味着十年、二十年的人生，他如果知道了前面的空缺信息，就可以更加理性地选择去留。走的时候也会觉得单位是一个靠谱的单位，至少不蒙人。留下来，也可以更安心。

这就像银行窗口叫号一样，前面有多少号你心里清清楚楚，对等待的预估也会更加准确，所以即使时间长一点，你也不会着急。如果像此前买火车票一样排大队，你心里就没底了。而只要排队，就有可能有加塞儿的，就会出现更多利用信息不对称违反公正的可能。

这种信息公开也督促有关部门和决策机构及时进行员额盘点，大家都有点数，就像看大盘似的，该调整的就得调整了。可以更好地在省级层面进行员额的调整，包括编制数的调整，上下级遴选的启动，每年入额计划的安排。

　　而这些信息也能够让每一位司法人员知悉，让他们方便制定自己的人生规划，使自己的人生变得更有目标，内心也更加坚定和稳定。

3. 入额面试应该由省级司法机关进行

　　目前入额的核心问题就是标准不透明，主观性太强。

　　首先是考试有可能是白搞，主要是看面试，或者主要是领导的喜好，基本上来说就是一支笔来圈定。

　　这就带来入额标准极大的随意性，是入额质量参差不齐的主要原因。

　　在入额考试全国统考之后，可将入额面试权也收归省级司法机关统一行使，如此方能称之为人财物的省级统管。本院可以拥有岗位的调剂权，并无入额的决定权，这个决定权在省级司法机关。

　　而且这个决定权也受到入额全国统考成绩的约束，面试采用结构化的方式进行，面试成绩与全国统考的笔试成绩加权计算，比如各占50%，然后计算总分，根据总分确定是否入额。

这也会产生考试能力和办案能力如何区分的问题。以前领导把关主要是把那些实践能力比较强，但考试能力不一定很强的人选出来，但结果往往是把自己看中的人选出来。

现在笔试全国统一，面试省级统一，选出来的不是自己看中的人怎么办？

一方面是岗位可以适当调整，另一方面严格落实淘汰机制，如果真不符合员额标准，又不是自己看中的人，那就赶紧淘汰下去，正好实现了员额制的流动。以往的问题，主要不是符不符合条件的问题；主要是都是自己选的人，淘汰也不好开展的问题。现在既然是入口把握不住，就可以把出口把握住了。

当然这个出口也不能成为淘汰异己的工具，必须建立严格的程序，启动内部的听证程序，由省级院参加，才能最终作出结论。

4. 员额制系统性流动应该作出统一规划

在《员额制的通路》一文中我提到了规模化流动，由于自然更替的周期很长，目前很难进行。

为此就更要做好规划，这个规划应该有全国的和全省的两个部分，目前由于人财物的省级院通管，因此重点在省级的规划。

也就是根据员额制空缺数量，中短期符合入额条件的人员存量，省市县三级的整体情况，定期估算系统性流动的可能。

对年龄偏大员额的提前退休作出制度性安排，对中年员额交流提职任用出台计划，对青年员额向上遴选建立一定的规划，对准备入额的人员，为其排期等待制定比较明确的时间表，并对所有人员自主择业、自主流动予以鼓励支持，在体制内缺少流动性的同时切勿切断人员自发形成的流动性，利用自发流动创造的员额空缺、职位空缺编制新的系统性流动规划。

通过对年龄、外部择业岗位、内部交流任职岗位等几个变量，制定省级员额系统性流动的中长期规划，创造更多的短期流动机会，每年都举行适当比例的员额上下级遴选，上级员额到下级任职活动，从而使员额制水池保持持续的流动性，对职业发展建立信心。

员额制像是一张铁路网，它不能画地为牢，必须以全局视野审视、全局范围规划、整体统筹运行，才能发挥其真正的价值，否则很容易乱作一团，各自凋零。

公诉的案子是绑在身上的

公诉部门有一句话叫"案随人走"。也就是你不管你跳到哪个部门，案子都要跟着你过去，你都要把它办完。即使是调到上级部门，也要等着你把起诉的案子出完庭，才会把你下级院的检察员职务免掉，为的就是让你自己把案子办完，不能半路交接。

这就与调动后可以直接交接的综合业务部门和行政部门有着很大的不同，就像案子绑在身上一样。我经常听说有司法官生孩子前一天还在打案子的，还有生病在家还在担心自己的案子的，也有被借调到其他单位也不能摆脱自己的案子的。

案子从分到你手上那一天起，就像长在你身上一样，与你永远不分离了。现在案件的分配是通过系统轮案形成的，往往不经过领导的分配，所以很多时候领导也没概念。没过手的任务分配，就相当于没有派活，因此会不带负疚感地给你安排其他工作，因为案子并不是他分给你的。在追究工作进度的时候，领导往往也不会考虑你的案件负担，因为案件的分配、审批往往都不经过他，他也没有感觉。

但是综合业务和行政业务就不一样了，这是因为这些工作是依附行政管理职权的，是部门领导的权力所在，也是成绩所在，所以他也会更加予以关心。同样的，一旦人员调动，不属于本部门管辖了，其也就失去了对部门的负责义务，更重要的是他要建立对新部门的负责义务，如果继续从事原部门的行政事务，难免引起新部门的不快，而且也必然妨害了新部门负责人行政权力的行使，进而引发部门之间的冲突。因此业务部门的综合性工作不管多么具有连续性，一般都会在离开时迅速交接。很少出现活儿跟人走的现象。

但是案件却恰恰相反，案件更加具有司法属性，责任和成绩都更多地归属于检察官个人，尤其是在司法责任制之后，很多地区的部门负责人不再审批案件，就更加与部门关系不大。正因此，部门也就更加不愿意动用行政权力来为调动人员减轻负担。

尤其是公诉案件的周期长，可能一年半载都弄不完，投入的精力大，无论甩给谁都是一种巨大的负担。

更不要说已经办了一半的案件，已经耗费了很多的办案期限，再加上往往是不好办、不容易出手的案件，这就产生了"砸"在谁手里的风险，所以一般人也不愿意轻易接手。

最主要的是每个人都在正常地分案，突然增加十几件或者几十件的案件负担，往往是无法承受之重，也是极不合理的。

即使在司法办案责任制之前，公诉工作也始终讲究谁的案件谁负责到底的精神。因为只有要求承办司法官负责到底，他才有可能做到日常性负责。如果每个人都可以通过调动工作岗位的方式将案件甩给同事，那必然助长半道撂挑子的不负责任之风，案件质量将无从保障，对于勤勤恳恳坚守岗位的公诉人也是极不公平的。从这个意义上说，案随人走，办完再走，也是在树立一种不能逃避责任的工作作风。

而且作为司法属性最强的公诉案件，往往带有司法官很强的个人烙印，这种个性化的思索、审查和处理，其他人是很难接上的，对案件的整体处理也是不利的。换个人几乎就相当于从头再办一遍，那之前的司法工作就浪费了，而嫌疑人已经羁押的时间也就被白白消耗了，这相当于司法程序空转。

案随人走很大的原因在于避免司法资源的浪费，避免诉讼期限的过分延宕。这是公诉案件交接所必须考虑的外部性。

这些都是合理的考量，但是你能指望公诉人在调动岗位之后不接受新的工作，不受理新的案件吗？他们可能等把原来的案件消化完再投入新工作么吗？

那显然是不可能的。如果从其他岗位调入的人可以没有过渡地投入工作，公诉也同样不应该例外啊。"案随人走"那是你自己的事。

这也是公诉人喜欢自愿性加班的原因，有限的工作时间不能满足结案的需要时，那就要加班。因为案件是你自己的，超

期的责任也是你自己的,而案件的期限不等人。虽然人在度假期,但心还在案件上,还在盘算这个证据怎么取,那个问题怎么分析,这个案子到底能不能起诉,起诉之后会不会判无罪,到法庭上怎么说——精神永远不能得到解脱。

因为公诉的案件具有高度的重叠性,也就是这个没办完的时候,那个案子就来了,这两个案子都没办完的时候,第三个、第四个案子也来了。我办理经济案件那会儿,最高峰的时候每天收好几件案子,有三十多件案件同时在办,只能按照办案阶段码放卷宗,新受理、一退、二退、准备出庭、已出庭等不同类型,还有的需要追捕追诉、诉讼监督,还有的需要上会、请示汇报,你就要想着哪个要提讯,哪个要打报告,哪个终于可以结了,哪个还要与公安联系一下,哪个公安又送什么证据了。每天对案件扫视一遍,看看哪个还需要处理一下,要列台账、进度表,把需要处理的硬性事务穿插开,确实需要弹钢琴。

这些情况是周而复始,无穷无尽的。

看起来好像是没有批捕业务那么绑人了,但它们捆绑的都是精神,是绑在身上的那种感觉,你永远解脱不了。

你会随时随地想着它们,有一种无法喘息的感觉。

只可惜的是,这种感觉并不容易引起共鸣,并不是一种普遍的共识,也并不是资源调配的依据。也正因此,"案随人走"体现的是对案件负责到底的要求,但实务中往往因为缺少对等性、交互性和普遍性,最后成了一种一厢情愿和单方面要求。

司法官如何应对不得已？

在一次交流中，有人问我，司法官如何面对工作中的不得已？也就是如何对待那些违背内心意愿的处境？

这是一个非常难回答的问题，但又是每一位司法官都可能面对的问题。

我承认，我也面对过。

那时候，我还在批捕处，有一个比较重要的案件，关键证据有所欠缺，连续四次报捕，前三次我都没批捕。这也可能创下了我们院当时的记录，导致预审员天天去我那报到。最后一次，主管领导找我了，让我要顾全大局，我说我可以顾全大局，但鉴于这个案件的证据还有欠缺，我只能搞了附条件批捕。

这也是我们那里第一次适用附条件批捕，当时这项制度刚开始不久，因为我经常要写材料，所以对上级的精神有所了解。

某种意义上我作出了适度的妥协，而附条件批捕制度当时就是从制度层面对证据有所欠缺的侦查案件在逮捕强制措施上作出的妥协。这是一种制度性妥协，也比较契合我当时的处境。

附条件批捕制度后来取消了，这是因为从制度层面无须再进行如此的妥协了，当时的刑事诉讼正在从侦查中心主义向审判中心主义过渡。

现在的不批捕、不起诉率相比于十几年前已经是极大地提升了，但是当年还不太行。当年强调以配合为主，保障侦查顺利进行为主的观念还是比较强的。比较强的证据意识，还是一种比较另类的状态。

这种另类的状态必然会遭遇一些不理解，就可能需要面对一些不得已。

工作中，每个人都会遭遇一些不得已，不仅仅是司法工作，所有工作都一样。有时候不能跟从自己的内心办事，有时候会不尽如人意。即使已经走上了领导岗位，也还是会有更高层次的领导不支持你的意见。一个人不可能完全对抗整个体制。

我们必须要认识到人的局限性，人生不如意十之八九。

我们无法奢望事事顺遂，总要面对不得已的处境。面对这种处境时，我们到底应该怎么做？

我觉得能够做的就是尽力而为，尽力做到问心无愧。

我们可以尽力说服领导，讲究策略、艺术的说服，通过日常工作建立信任的方式说服，通过自己的专业素养和人品来说服，但即使如此也未必一定成功。

司法案件仍然流行的是审批制，很多重大案件的决定权，仍然掌握在司法管理者手中，他们才是案件的最终决定者，这是他们手中的权力。如果决定了，也就变成了他们的责任。

你认为应该不起诉，但是领导认为应该起诉，那他就要对起诉之后可能判决无罪的风险承担责任。

你可以坚持自己的意见，尽量进行有说服力的分析和论证，进行详细充分的汇报，但是他有权力不同意你的意见。

你负责任地拿出了自己的意见，最终案件的走向没有按照你的意见来，但也不能说你没有尽力。

需要小心的是，你充分的说理非但没有打动领导，而是领导让你改意见，让你自己否定自己，然后他再对修改后的意见表示同意——不是直接提出相反的意见。这时就需要引起足够的警惕，这实际上就是他明知自己的意见可能是有问题的，可能是有风险的，你的意见可能是有道理的，但他在利用自己的权力规避自己的责任。

这不仅规避了他本应承担自己拿意见的责任，而且还剥夺了你自由表达意见的机会。一旦按照领导的意见处理了，最终产生问题的时候，你都没有机会为自己辩解。你想说我本来认为就不应该起诉，我试图说服领导，但没有成功，是他让我改的意见。但是审查报告却无法支持你的观点，这个时候你就掉进了自己挖的坑里。

因此，自己拿自己的意见，这不仅是本分，更是面对不得已时的第一原则。

只有自己拿了自己的意见，别人才能知道你曾经面对过这种不得已，否则连证明的机会都没有。

当然在说服的过程中，也未必都是你对、领导错。结果很可能是恰恰相反，这需要一种反思的能力，在每一次有不同意见的案件中都要反思到底哪一种处理的方式更合理，从而不断寻找司法的规律。

也不能过多地进行阴谋论的解读，凡是领导不同意的，或者拿不同意见的，就是他有问题，更多的还是看问题的角度、视野和阅历的不同造成的。

也还要考虑下，是不是仅仅从法律角度来审视问题，刚刚从事司法工作的年轻人习惯于按照书本的和法条的逻辑来考虑问题，容易忽视具体意见在司法实践中的可操作性，现实的可能性。比如期望侦查机关取到一些不可能取到的证据，要求收集严重超过侦查负荷的证据；有时机械地考虑了犯罪构成的问题，忽略了对犯罪本质和刑罚本质的认识。有时对注意义务的要求过于苛刻，有些时候太容易相信嫌疑人的辩解，忽视了通过错综复杂的证据进行整体判断，有时候对证据链条要求过于完美，只要有一点问题就不起诉。

这些时候所面对的所谓"不得已"，可能并不是什么真的"不得已"，而只是一个成长的历程。如果偏执地认为自己的所有判断都不存在错误的可能性，只要不被同意和理解，就可能有案外因素，也不是一种成熟理性的态度。

我们既不能轻易怀疑自己，也不能轻易怀疑别人。通过阴谋论进行解释是最容易的，但它也容易让我们丧失反思的能力，以及对世界复杂性的认识能力。

这个世界是有灰度的，也就是存在一些中间地带，我们不能轻易说它们一定是黑，一定是白的。我们必须要接受一些不确定性，能够就事论事地思考问题，避免直接贴标签。

当然，底线的判断能力我们还是要有的，对于那些明显违背法律规定的要求、指导和命令，我们还是要学会拒绝。拒绝的方式一定是一门艺术，但懂得拒绝是一种信念，而且拒绝执行明显违法的指令也是法律的明确要求。

司法官的底线是不作恶。

信任是司法工作的基石

司法工作到底应该建立在信任的基础之上，还是不信任的基础之上，这是亟待回答的哲学命题。

有人认为，司法者的权力重大，直接决定案件的走向，影响当事人的命运，对其权力应该严格监督制约，牢牢盯住，反复复查检验，从而确保其合法性。

但是司法工作是良心活儿，是不可能完全盯得住的：一是没有这个眼力、精力和耐心，就像装修，你天天在旁边看着，就能确保他不糊弄你吗，你又如何确定他没有糊弄你呢？二是司法需要创造力，而创造力又需要一定的自由度，如果有一个人一直在我身后盯着看我写什么，那我就很难写出有价值的东西。把司法官盯死的结果，无非就是机械执法，表面看起来似乎符合规范和标准，但是根本没有用心体察案件的细微之处，没有带着感情来理解真实的世界。尤其是如果你盯着他的眼神本身就是冰冷的，不带感情的，又如何体会出他的不带感情，不符合常情常理？

甚至可能正是你的苛责、冰冷和机械性才排斥了他原有的温度和热情。因为这些温度和热情，有时候他会显得动机不纯，与惯例不符，像是有问题。

司法是权力这一点不错，但是它是微观而具体的权力，需要司法官既诉诸理性也诉诸良知；既要根据规范依法行使，又不能完全受困于法律的滞后性、局限性和不完备；还要不断通过感性来体察伦理基础，对法律的适用实施微观校正，以便不违背基本的伦理基础。也就是所谓良法，一定不是反人性的，良法还要用善治补之。

如何能够发挥司法官最大的主观能动性，让宏观的规则体系实现具体而微的公平正义，需要极大的耐心和信任。

这种信任需要的就是一种自由度。就是米开朗琪罗在未完成作品之前的拒绝展示，就是将在外君命有所不受的适度放权。

司法官通过对案件的亲历性审查，并根据法律和良知给出相对合理的处理方案，此时任何层级的领导可能都无法具备比司法官更加充分的认知条件。此时依据权力作出的决策，即使层级再高，在正当性和合理性上也未必更加高明。

这就像求医问诊一样，大家还是希望一个负责的医生给自己看病，而不是那么在意他的行政职务。因为我们更加在意的是自己的生命和健康，不是表面的虚荣。不论水平多高的医生，都要自己进行诊断才能作出负责任的判断，而不能单纯相信此前的诊断记录。

要想维持医生处于较高的专业水准，就不能经常打扰他，要让他专业治病，要让他心中尽量没有杂念，不用过多地担心责任问题而一味进行保守治疗，否则就无法真正治疗那些疑难杂症。所谓医沉疴须用猛药，但你知道吗，猛药的副作用也很大啊，也就是风险也很大啊。

如果只要出现风险，比如病人死亡，家属投诉，就把责任推给医生，就反复复查病历，约谈医生，甚至让医生停职检查。那医生就会越来越谨小慎微，无非是转院、拒收，或者保守治疗，甚至让家属提出治疗方案。

虽然家属提出的方案往往只是一厢情愿的，甚至不专业的，但至少可以减少纠纷吧。

但这显然不是对患者尽了最大的责任。只是要想对患者尽最大责任，就难免有一定的风险，如果不想冒任何风险，恐怕什么病也治不好了，因为总是有很多潜在的无法估量和无法预知的因素会影响治疗过程。人体的精妙，科学的有限性，都决定了我们对生命还不够了解，很多时候我们只是在生命的旅程中探险。越是疑难情况，越是没有经验可循，越是需要突破常规。

如果从不信任的角度出发，只要结果不好，那就说明之前的行为都不够好，都有问题。进行结果归责是容易的，也是十分安全的。

你所谓的不好推论，就是在假定可能有其他的方案可以做到更好。侥幸的是，你无须真正验证一遍，因为结果已经出现了，历史无法假设。但是你却可以用假设的结论和未经实际验证的逻辑，来否定现实已经发生的结论。

这其实就是用假设来否定现实，用无须验证的假设，推翻已经验证的结论，这就是唯结果论的荒谬之处。

也就是凭什么你说的方案就是好的？凭什么说你在当时的情景下就可以做得更好？你怎么知道你提出的逻辑不会导向更大的灾难？灾难没有发生，只是你没有将之付诸实践而已。

因为这是一个具体的判断，需要更多的体验性的经验和经历才能作出更好的判断。事后再复盘，根本不具备当时的认知条件，这种事后诸葛亮的方法，是在用一个不充分的认知来否定一个充分的认知，是用武断来否定审慎。因为权力规则的因素，总可以将结论强加于人，但是却无法从逻辑层面真正自圆其说。

用几天时间作出的间接认知来否定耗时半年得到的直接认知，这到底是审慎还是武断？

真实情况是，由于专业认知的复杂性，人类根本没有能力约束所有的行为，因为约束的成本，监督的成本如果足够有效的话，将远远高于办案本身的成本。

想象一下，如果你不信任你的配偶，你过得有多累啊！再想一下，如果司法官不信任自己的助理，部门负责人不信任下属，将军不信任自己的士兵，又会是什么局面？

如果有足够的人力成本，比如用三个人盯着一个人办案，那为什么不用一个人盯着三个人办案？这样案多人少的问题就可以得到极大的缓解，从而可以更加从容地审查案件，对案件质量的提高可能更有用。

个别的司法决定固然是重要的，但它的重要性要远远小于对千百万案件的司法决策者所带来的负面影响。

因此，与其以不信任的眼光打量司法官，不如将司法决策者盯住，甚至更该被盯住的是决定司法决策者命运的人。

总体来说，还是要对司法官多一份信任，对管理者多一份怀疑。不是怀疑具体的办案，而是怀疑对办案者的管理。因为批量的违法成本要小得多，影响却大得多。

司法责任制并不是责任追究制的代名词，它应该成为合法履职的司法官的保护伞。如果企业有合规制度，那么司法官也应该有合规制度，只要他的行为符合相应的标准，就不能轻易受到挑剔。就像医生一样，不能被经常打扰，让他们分心。

我相信分心对患者可能造成的影响，我也相信司法官分心对当事人同样可能造成的影响。因此，除非有明确犯罪线索或者重大的违法线索，司法官的行为不应受到指摘。如果有相应的线索，应该启动内部的听证程序，同样通过严格的内部程序进行处理，同样要坚持程序正义的原则。

更重要的是，要构建以信任为核心的司法管理模式。

第一，建立更加严格的准入机制。一旦进入，就应该得到充分信任，所谓用人不疑，疑人不用。让准入机制成为品格和专业能力的筛选机制。

第二，建立更加公平的荣誉激励机制。树立职业荣誉感，让尽职者真正获得荣誉，而不是让投机钻营者获得荣誉。如果这个机制不能建立，那引导的方向一定是违法的方向。所以到头来，就不是盯着个别司法官的事了，而是要盯着那根指挥棒。

第三，建立司法合规机制。只要符合严格的司法程序和内部工作流程，即使结果受到否定，司法官的行为也不应受到质疑。也就是说司法官只要做到某种程度，尽到某种义务就安全了。这种注意义务不是无止境的，不是事后强加的，一定是提前设定，鼓励遵守的。

第四，建立司法归责的追诉时效机制。为什么犯罪要有追诉时效制度？目的就是维护社会的安定性，不能总是让它处于不确定状态，这是一种权力平衡。司法制度更需要安定性，同样也需要进行权力平衡。有必要根据违反的严重程度，设定一个梯度的司法归责制度。虽然司法责任制是终身的，但并不是所有的司法责任都是终身责任。不要忘了，就连杀人罪也是有追诉时效的。因此轻微违法的追诉时效为 5 年，严重的 10 年，最为严重的 20 年，超过 20 年还要追责的应该由最高司法机关核准。

第五，建立内部归责的无罪推定原则。这是基本的程序法原则，它能够避免先入为主，是防范冤假错案的基石，同样也是防范内部冤假错案的基石。

第六，禁止内部归责的溯及既往。这涉及司法行为的基本预期，如果行为时无规则，又如何确保遵守？事后的规则无法发挥行为的指引效果。因为今天不了解明天的规则，也必然无法确保自己能够遵守明天的规则，从而必然导致无所适从，陷入一种怎么做都不对的困境。

第七，建立归责的程序规则。归责也有重实体轻程序的问题，但是如果缺少必要的操作流程，公开透明的程序规范，以及保障被追责人基本权利的程序规范，那公正就无法得到保障，人的主观恣意就无法得到必要的约束。

当然，归责与追究犯罪还是存在区别的，两者的规则也未必能够完全通用。但对于共同的程序正当性、比例性、谦抑性、禁止事后法等法律原理还是可以相互借鉴的，只是具体的表现形式，还需要进一步研究。

我想说的是，信任并不是无原则的，信任是一套规则，是在理解微观管理的有限性、司法规律的特殊性和人性的复杂性的前提下，尽量鼓励人性的积极面，释放人的创造性的一种管理方式。

信任不是轻飘飘的一句话，它是能够让人赴汤蹈火的责任感，信任的口气没有命令重，但分量却比命令还重。所谓士为知己者死。

信任包含了尊重、理解、赏识、授权、嘱托和以诚相待，它是文明的产物。司法也是文明的产物，司法本身就需要对社会有更深层次的理解，只有信任才能让公平正义以创造性的方式落实到每一个案件当中。因此，信任是司法工作的基石。

刑事与政策

刑事政策是一个比较复杂的概念，既包括由立法所形成的法律制度体系，也包括通过司法解释形成的对法律制度的理解体系，还包括将法律贯彻实施的执行体系和司法体系。

刑事政策在一定时期保持相对的稳定性，才能发挥贯彻法律精神、明确行为预期、统一执法尺度、确立公正标准的作用。

如果忽紧忽松、忽轻忽重、标准忽上忽下，或者各个执法司法单位各行其是、每个地区各行其是，那么即使法律的效力是统一的，也无法保证统一的实施。这样既不能让公众了解法律的导向，从而明白自己该干什么不该干什么；也不能让司法机关明白司法的价值取向，往哪个方向努力。在对法律理解不统一的时候，应该往哪个方向来理解。

比如可捕可不捕的时候，是捕还是不捕？可诉可不诉的时候，是诉还是不诉？处以缓刑在两可之间的，如何权衡？

如果是构罪即捕即诉即判实刑的严打政策，那么大部分的案件当然就是捕诉判实刑了。但是如果本着少捕慎诉慎押的政策，那就不应该将大量的案件都羁押起诉并判实刑，这肯定是违背政策方向的。

这个政策的方向是随着法治文明程度的发展和犯罪结构的变化而变化的。现在已经是轻罪为绝大多数的犯罪结构，与十几二十年前相比，呈现出了显著的变化，此时调整刑事政策有着客观的依据。同时，法治文明程度的提高也让我们认识到进行社会治理仅靠重刑主义是行不通的，因为它有着极强的负面效应和局限性。这些人终归要回到社会，终归要成为社会的一分子。而且按照有关规定，一个人的罪行还会影响到家庭，这就相当于将他们及其家庭都推向对立面，时间长了，这样的人员多了，必然会影响社会的稳定。而且光靠打击的方式解决不了根本问题，还是需要诉源治理，需要解决的是犯罪背后的社会经济等深层次问题，需要教育普及、增加就业、完善社会保障制度、建立更加公平的行政和司法体系。

很多犯罪暴露的是社会的一部分漏洞和矛盾，是这些制度层面的不完善损害了嫌疑人的利益才引发的冲突，在不完善的制度中形成了不健康的生态，从而激化了人们之间的矛盾。也就是这个犯罪看起来是个人的，但是根源其实在制度层面。

如果只是惩罚个人，而不解决制度，那就意味着犯罪的根源依然还在，犯罪还是会源源不断。如果狠狠地惩罚个人，将矛头都指向他，引导公众的注意力激发对他的义愤，从而给予其非常严厉的惩罚，这某种程度上也是让他为制度缺陷背锅，是通过严惩犯罪的方式掩饰真正的问题和矛盾，纵容了制度隐患，必然会积累系统性的风险。

在了解到这些的时候，我们必然会反思，刑罚不是万能的，它的作用是非常有限的。在个人责任和社会责任交织的情况下，应该给予个人公允的惩罚，这样也会让人心服口服。在分清个人责任和社会责任的时候，我们就是在寻找诉源治理的源头，这是一种深层次的社会治理，着眼于解决根本问题，而不是只做表面文章。

因此，轻缓化处理的趋势，不是对犯罪的妥协，它不仅与犯罪结构的变化相吻合，更重要的是在分清犯罪问题的个人责任与社会责任。在惩处个人之后，不回避社会的责任；在治理个人的同时，也在治理社会，实现标本兼职的效果。

这一点正在成为共识，这也是少捕慎诉慎押的政策渐成主流的原因。

但是不得不承认，目前的刑事政策还没有完全统一，主张狠的声音依然存在。一方面是贯彻少捕慎诉慎押而降低批捕率、羁押率和起诉率；一方面又将这些努力当作最大的隐患来看待，带着怀疑和猜忌的眼光来看待这些案件，稍有问题就大批特批。但是对于那些羁押率高、起诉率高、实刑率高的情况却无人问津。

这就必然形成一种认识，也就是表面上是少捕慎诉慎押，但骨子里还是重刑主义、机械执法，捕了、诉了、收监执行是最安全的，虽然看起来不美好，不那么符合先进的司法理念，但是安全最重要。

从趋利避害的人性本能来讲，那自然会倾向于安全。

这样一来，刑事政策就呈现了一种分裂态势：一方面要从宽；另一方面要从严；中间派主张宽严相济。

但是宽严相济也有对宽与严范围的不同定义、对如何相济的不同理解问题，也不是完全绝对的。

在大量从严，几乎全捕全诉的情况下，也能够找到一两个特别案件，体现了从宽政策，这也是一种宽严相济，只不过这种相济是以严为压倒性的相济。

而如果以不羁押为原则，以羁押为例外，那也是同样有羁押有不羁押，也同样是相济，也可以说是宽严相济，只不过是以宽缓为导向的相济。

所以笼统地宽严相济并不代表其就科学合理，就讲辩证法了，其完全有可能是与法治文明发展趋势背道而驰的宽严相济。只留下一点点宽的宽严相济，不是当下我们主张的宽严相济。这是以"相济"这种辩证关系论掩盖了偏私、狭隘和肤浅的观点。

仍然是只惩罚个人，不检讨社会问题的治理方式，是只考虑眼前不考虑长远，只看局部不看全局，只看现象不看本质的思维方式。

今天的刑事政策需要有整体的转向，不应再向两个方向撕扯。虽然宽缓处理也有不公正和不廉洁的隐患，但严厉本身也有同样的问题。这个问题应该通过线索核查的方式，以点的方式进行解决，而不应该进行地毯式、不加区分的怀疑，那样只能让人对宽缓化政策产生怀疑，产生一种从严安全、从宽有风险的错误印象，从而对刑事政策产生误导或撕裂。

应该按照刑事政策大方向的转向设计相关的制度体系、考核体系、监督体系和管理体系，这样才能确保刑事政策的统一实施，发挥引导公众行为预期与司法行为预期的双重功效。

法律人为什么需要重视数据？

经济学家往往先从数据开场。几乎所有的经济学家都会密切关注宏观经济数据的走向，并从数据之间的微小变化来解读或预测其中的趋势。这俨然是一种习惯。

但是法律人很少这么强烈地关注数据，法律人习惯于笼而统之、大而化之的模糊化表达方式：比如大概、绝大多数、一般、一直以来，等等。

偶尔引用一些数据，也是其他论文中存在的数据，而这些数据往往不是最新的，是三五年前，甚至是十年前的数据。而这些陈旧数据能否说明当下的情况？

比如在讨论羁押率比较高的问题上，不少研究者习惯上认为控方掌握批捕权，这是导致羁押率居高不下的原因。捕诉一体之后必然使这个问题雪上加霜。因为批捕会被起诉绑架，成为方便指控的利器。

但是我告诉他们，2021年第一季度全国的不捕率是27%，有的地区更是高达 50%，而这一比率近十多年来呈现了逐年提高的态势。尤其是捕诉一体改革之后，不捕率没有降低反而呈现出加速提升的态势。尤其是在杭州等地开发出非羁码、电子手铐之后，取保候审的失控风险降低了，更是进一步加快了不捕率的上升。随后高检院已开始推动羁押替代性措施的全国试点改革，并提出了以不羁押为原则，以羁押为例外的新政策。

我说，这就是你们眼里的"控方"，控方没有以抓人为职业成就感，反而以放人为职业成就感。这与他们的固有观念不一致，更冲击了他们的固有观念。

因为他们的固有观念不是建立在最新的司法数据基础之上的，而是建立在论文，尤其是早期论文所引用的更早期数据基础之上的。

这个责任也不完全在论文的写作者，以及以阅读论文作为主要研究手段的研究者。因为以往的司法机关在发布数据上比较保守，基本上只有在两高的报告中才能看到部分公开的数据，这个节奏是一年一度的，而且每年的数据项目都会有一些变化，难以形成连续性数据累积，只有极少部分最基础的数据才能形成长期一致的数据口径。

其次就是司法年鉴，也是一年一度的，但也没有电子版，查询起来不太方便。

这就形成了司法数据的基本特点，即更新的周期长，长期一致公开的数据项目少，查询检索困难，从而导致司法数据被有效利用的难度大。

事实是，司法不是没有数据，而是有大量的数据，只是基于比较保守的观念不太愿意公开。

部分实证派学者与地方司法机关合作，虽然获得了部分数据，但只要不是两高公开的数据，就往往不敢公开使用，往往要通过隐匿出处的方式，比如B市H区、C区等，进行半遮半掩。这就导致这些数据在二次利用时也比较困难。

但是事情正在发生变化，随着移动互联网技术、自媒体的发达，各方面的信息越来越多，这也倒逼司法机关不断透明化。法律文书公开就是近年来的重要体现。这些被公开的文书，通过各大数据公司的分析整合后，也可以被统计提炼出一些数据，虽然是不完整的，但确实增加了相对直接的渠道。

此外，检法良性博弈也在加剧，也就是比着看谁更加公开、透明、人性执法。在案例之外，司法数据是最能体现司法业绩的指标，因此被给予高度重视。这种良性博弈的结果之一就是司法数据以更加细腻直观并且更加频繁的方式进行公开。比如高检院目前习惯上每季度公开一次主要检察数据，这就比以往的年度公开方式进了一大步。

而且在公开当下数据的同时，高检院还重视历史数据的挖掘，比如公开20年刑事案件数据的总结，反响非常大。它为认罪认罚、降低羁押率、敢用善用不起诉权、人性执法观念等政策调整提供了重要的数据支持。

司法决策以数据为支持是理性主义的体现。

这与经济领域的数字管理模式有异曲同工之效。工业革命以来，人类的经济活动的发展趋势是一个近乎直线上升的曲线，增长率太高，社会变化太快，复杂到人的常识所无法理解，不用数据就无法充分展示，不用数学工具就无法进行长程分析。这是人类日常思维对世界无法驾驭的直观体现，数字和数据思维就是在弥补其中的鸿沟。

哲学与自然科学也是在这一时期分道扬镳的，其中的标志就是牛顿的《自然哲学的数学原理》，说的明明是物理学，但是为了更加精确地表达就必须引入数学工具，不能再用古典哲学的语言描述方式。

经济活动的数字化描述也一样，它本质上就是经济活动的复杂性达到一定量级，自然语言的精确化达到极限之后的产物。

比如用数据公式来推导一个定理，或者分析一种经济现象，不管推了多远，这个过程始终是精确而稳定的。

如果这个过程用语言来描述，它的精确化就会打折扣，还有可能出现歧义，从而无法稳定而持续，也就是不能长距离地推导，不能分析更加复杂一点的现象。

当然，法学与经济学和自然科学还是有很大的区别的，因为它面对的往往还是具体事件的处理，比如一个行为是否构成犯罪，构成何种犯罪，如何处罚。有时还是个别化的问题，即使有综合性更接近于哲学的思辨，一般不去适用长程而精确的推理，往往也还是定性的、价值取向的、伦理考量的判断。

但是司法行为，尤其是宏观的司法政策，越来越需要用到数据思维，需要更加精确化的考量。因为它不仅涉及价值的取舍，还涉及有限的司法资源如何分配，如何能够效益最大化，如何利用新的技术工具促进司法产品的生产。这里就有很多定量的因素。

这些东西定下来，才会据此决定司法改革的具体方案，司法管理的具体模式，包括司法制度的具体安排，甚至刑事诉讼制度改革的具体方案。

这些如果不从数据方面进行具体的分析，就容易产生拍脑袋、想当然的主观随意。

今天，降低羁押率成为趋势，一方面是由于社会整体文明程度的提高，人权保障意识的加强。另一方面，还有很多具体的理由，比如：轻罪在犯罪结构中居于主导；不羁押的成本降低，包括管控的成本，通过非羁码和电子手铐这些技术，完全可以承受，而且不需要耗费大量的人力；认罪认罚的推进，不羁押率有利于教育转化，有利于追赃挽损，有利于促成和解，有利于化解矛盾，有利于降低上诉率，从而提高诉讼效率；劳动教养废除以来，轻罪犯罪圈不断扩大，尤其是危险驾驶入罪门槛太低，存在刑罚过度使用的问题，而由于刑罚的污名化和部分"株连性"将引起定罪之后一系列的次生灾害，这些都有数据支持。降低羁押率，进而降低起诉率，目的就是矫正弥补这些刑罚的负面效应。

上述措施旨在解决刑罚的局限性问题，这个问题在刑罚理论上只是谦抑性的概念，但放在司法实践中却是一个很具体的数字考量，它需要量化的分析考量和决策。

比如轻缓，轻缓到什么程度，怎么个轻缓法，哪些可以轻缓，哪些不能轻缓，标准是什么？这些都必须明确。

比如很多地区出台的危险驾驶的不起诉标准和缓刑标准，就是在解决这个问题。

这些标准都不是想当然的。

法学为什么也需要密切关注数据的变化？这是在重视世界的复杂性，关注世界的变动性，承认人类日常思维的有限性，不以陈旧的、估堆的、简单定性的方式来思考不断复杂的法治现象。不是为了理性而理性，而是为了能看清这个世界，避免雾里看花、水中捞月、固执己见，可以让我们更好地抓住现象背后的本质，调整想当然的傲慢与偏见；让我们可以做更多稳定的长程推理；让我们的思考可以更深更远而已。

司法档案不应成为被遗忘的角落

　　司法档案是司法工作的历史记载，是司法行为规范化的物理载体，是判定司法责任的证据和依归。

　　很多时候，我们因为追究司法责任需要翻阅陈年的档案。有些时候，我们需要回顾真实的司法历史而翻开这些泛黄的卷宗。

　　没有事的时候，我们可能就忘记了还有这么一个角落，寄存着司法的活的历史。

　　但是忘记历史，就意味着背叛。

　　前些年，我有机会参与新中国成立以来重要案例的编写工作，从全国抽调上来的历史卷宗的复印件来看，司法档案保存状况参差不齐。有些地区虽然卷宗泛黄，但是内容完整、格式规范，非常有力地还原了当时真实的办案情况。有些地区使用扫描的方式，已经全部将历史司法档案电子化，可以让人非常清晰地看到卷宗的原始状态。而有些地区不但没有电子化，连仅剩下的卷宗也残缺不全，有些甚至只有一些表格，这样就很难反映案件的真实情况。材料不齐的案件就只好放弃不写了。

如果这是在追究司法责任、调查了解案件线索、检验案件质量呢？也就这么算了？

有些省院的档案部门只有一两个人，一干就是几十年，几十年来积累下来司法档案浩如烟海，简直就是一个图书馆，同时还要不断动态增加。除了常规的批捕、起诉案件卷宗，随着监督工作的诉讼化改造，各类诉讼监督案件也越来越多，有时每年归档达数千件。其中很多是积案归档，还有司法技术工作也要归档，甚至财务票据账目都需要归档。

每一个司法档案都需要核对、登记入库，在卷宗盒上填写必要信息然后分类上架，日常还要应对司法档案的借阅和归还工作。

有些地区因为人手和经费有限，至今仍然停留在非常原始的人工阶段，没有档案管理信息化系统的，只能用电子表格来应付，这就又增加了人工强度。

我现在算是理解了，为什么申诉案件、诉讼监督案件去公安机关和审判机关调档那么费劲，那是因为这要极大地增加人家的工作量，同时也增加了司法档案保管的风险。

说白了，这还是管理的问题，而不单单是不够重视的问题。

因为司法档案工作不属于司法显绩，不出事领导看不见。也没有多少领导愿意在这方面投入精力，因为干得再好上级也不容易看见，也无法直接体现出什么司法成绩。加上司法档案的运输问题，大家都是能拖就拖，因为这里潜藏着巨大的责任。干了不仅没有成绩，反而可能承担巨大的责任，那大家就能躲就躲。如果能够及时提拔，不再分管这项工作，这块责任自然也就不用再承担了。

最后，繁琐、辛劳、不方便开展工作的重荷还是由档案员担着，因为他们躲不开，也走不开。

司法档案管理工作非常像城市的排水系统，干得再好外界也看不见，但是一下大雨大家就知道了，不下大雨的时候又忘记了。

下水道是城市管理的良心，司法档案何尝不是？

它体现的是对司法工作能不能坚持长期主义的态度，除了对面子上的工作重视以外，我们对里子的工作到底重视多少？这检验的是我们的司法政绩观。这是对司法运行的底层逻辑有多少认识和关注的问题。

司法档案不规范，又如何及时检验、规范司法行为？

司法档案运行不顺畅，司法经验又如何能够得到有效的累积和传承？

现在很多书记员不太爱归档，因为这个事领导也不关注，归档归得再及时也与优秀无关，也与能不能转为不定期合同或者事业编无关。只有领导交代的工作才是重要的，而档案工作并不是领导交代的，也无法成为部门业绩的显绩，更与部门领导的升迁无关。所以大家都还是围绕业绩的指挥棒在转，所以司法档案工作没有纳入司法业绩的评价中来，无论是集体的还是个人的，这显然是不应该的。

因为如何评价司法档案的重要性都不过分。

一个案子到底办得怎么样，光凭说是不行的，这要落到纸面上来。虽然现在有了办案系统，但还是有很多材料不能完全电子化，因此司法档案可以说是司法工作最权威的评价材料。追究责任的时候要调档，体现的就是这个道理。千百个司法档案，或者说一个单位、一个地区的司法档案整体状态也就反映了这个地区的司法生态。

司法档案都乱七八糟的，案子能办好吗？

我在写案例的时候发现，资料不全的单位，好案子也不多，所以我觉得二者是成正比的。也可以说，其实司法档案的情况就间接反映了这个地区的司法规范化情况，这不是面子上的事，司法档案是穿在里面的衣服。这个都规范了，那案子一般来说也就差不了了，这反映的是一种司法习惯。

我们重视司法档案工作，也就是重视司法工作日常习惯的养成，是重视培养良好司法习惯的氛围和规矩。无规矩不成方圆。

对此，我有几点建议：

1.

  将司法档案工作纳入司法业绩考核评价范围。

  归档及时性、规范性应当成为司法辅助人员和司法官的个人业绩评价内容；部门和单位的归档工作和档案管理工作应当纳入该部门和单位的整体司法业绩考核评价体系。

  通过司法档案的管理可以对业务部门进行质量反馈。

2.

  在省级司法机关建立单独的司法档案管理部门，设置必要的档案管理人员，以图书馆、档案馆的标准化流程进行管理规范。

  尽量利用信息化方式对司法档案进行信息化改造，一方面是设立纸质档案的电子化标签，实现司法档案的物联网，对每个档案的流转进度进行自动追踪、定位和查询；另一方面将现有的纸质档案全面高清晰扫描，尽量减少纸质档案的流转，以后借阅档案，除特殊情况外，只进行电子版流转，直至形成司法档案系统自行下载和查询。也就是从司法档案的纸质图书馆向电子图书馆方向转化。对充分电子化之后的纸质司法档案进行永久封存，从而降低纸质档案的流转成本和风险，也提高了司法档案的使用效率。

3.

逐步实现司法档案的无纸化。

目前需要大量管理成本，主要是由司法档案的纸质化造成的，这是历史性原因，早期档案缺少电子本文载体。目前的司法工作普遍依赖于办案系统，文书也可以使用电子印章，有些地区甚至配置了电子按捺手印的设备，已经初步具备了无纸化的技术条件。目前，银行等比较发达的行业正在走向无纸化办公。司法机关也在进行相应的尝试。据我了解，大庆市林甸县检察院就走得比较远，在前几年就实现了完全的无纸化卷宗，当时我还觉得很惊奇。

他们就是依托于大庆地区比较发达的司法信息化传统，结合目前的办案系统和远程办公系统等，实现了比较彻底的无纸化作业。这样就可以在办案系统上进行直接归档，而免去了纸质归档的麻烦。这极大地降低了归档和司法档案管理的成本，这是未来司法档案管理的一个方向。

不得不承认的是，现实的情况千差万别，很难做到完全无纸化，但至少可以在部分地区，部分简单案件中进行一些尝试，并逐步从纸质和网上归档两条线，向网上归档一条线发展。从而为司法档案的自动化管理提供基础。

我们目前至少可以做的是，将司法档案大幅度"瘦身"。比如已经全部扫描预审卷宗的，那对预审卷宗的复印材料就无需归档；审查报告在办案系统上有电子版的，纸质归档也没有太多意义。很多法律文书和工作文书也是一样的道理，流转审批表上领导都是电子签批的，那把它打印出来再纸质归档也没有太多的意义。纸质归档不应是再打印一遍电子档案，而是将不易形成电子档案的手写稿原件等原始材料进行管理。也就是有电子版的，就尽量不要再归纸质版了。这样下来每个案件的卷宗厚度就可以极大瘦身，既降低了归档的复杂性，也降低了管理和存储的复杂性，同时节约了档案馆的物理空间。

4.

提高司法档案的利用率。

我们强调发挥典型案例的指导作用，强调类案检索，甚至有强制检索的要求。但是我们所看到的案例往往只是一个案件的缩影，这个案件的真实样貌我们看不到。对于为什么会得出这样的结论，而不是其他结论，我们看不到更多的背景性信息。司法档案就是一个案件的全部信息，是这些典型案例的母体。如果这些作为典型案例母体的司法档案能够适当程度地开放，在一定范围内允许查询，就像医院的病历一样，那将极大地提高司法水平。

人们说协和医院最厉害的地方就是它积累的这些早期的病历，这是一笔巨大的医学财富，因为这是真的东西，这是任何书本和理论都无法替代的医学财富。

司法也一样，我一直觉得我们法学研究的深度不够，跟我们对案例的研究不够有关系，而案例研究得不够跟司法档案没有充分利用有关系。司法档案明明是一个金矿，我们却让它们在那里落灰，这是对司法财富的巨大浪费。

当然，这个富矿也不是那么容易开发的，它需要前期的巨大投入。包括投入必要的人力进行管理，使其运行顺畅；投入必要的信息化改造，使容易检索和流转，并且能够进行大数据的分析；同时还要将司法档案纳入整个司法业绩考核制度中，将司法的隐绩与显绩一并加以激励，才能使司法工作越来越厚重坚实。

我记得很多文明都是以图书馆为标志的，比如亚历山大图书馆，各个国家的图书馆，各个大学的图书馆，很多影响人类进程的伟大著作也是在图书馆写成的，因为它们是保存人类既有文明的载体，也是孕育新的文明的母体。很多城市也以图书馆的有效运作来提升市民的基础素质，公共图书馆是现代文明的基础设施和标志。同样，作为司法文明载体的司法档案也一定是司法文明的基础设置，在向更高司法文明攀登的过程中，这个基础设施的改进和提升是绕不过去的一环。

案件档案云

现在案卷里的光盘越来越多，但经常打不开。有些还是蓝光光驱的，等你好不容易借到蓝光光驱才发现打不开，有些又是涉案手机恢复的数据光盘，特别关键。

那就只好让公安再重新刻一遍。刻一遍哈希值又变了，还得写说明。

我相信，在这种情况下很多人索性就不看了。

到底有多少人因为光盘打不开，或者打开不方便就不看了？我相信不在少数。

但是现在很多证据只能以光盘作为媒介进行承载，比如监控录像，同步录音录像，手机、电脑等恢复数据，电子账目，等等。

这是因为这个社会越来越数据化，你就想想你现在还洗照片吗？是不是大部分照片都已经电子化了？各种文档呢？账目呢？银行流水呢？

监控录像非常普遍,甚至可以称为最客观直接的定案根据。很多影响力极大的案件,之所以能翻盘,就是因为把监控录像放到网上传播开来,让公众看到了真相。

因此,这些影音证据有着极强的真相还原力,是案发现场的直观再现,客观性上胜于言词证据。

手机中恢复出的通讯信息,社交媒体信息,存储的甚至是删除的各种记录和照片,都可以再现极为隐蔽的案件事实。

这些证据也是极为隐蔽的,需要打开光盘好好看,好好找。

但就是有很多光盘不容易打开,司法官因为怕麻烦打不开就不审查的情况一定是存在的。

因为不审查,最终必然增加了冤错案件的发生概率。

很多时候,能够最终翻案,也要靠对这些电子证据和影音证据的审查。

但是如果光盘打不开呢,是不是冤案也就无法翻了?当然了,如果被认真的人打开了,也就有了翻盘的希望。

但是由于不容易打开而没有认真审查所带来的结果,可能是被告人一生的代价,对司法官而言也是终身的责任。

我相信很多司法官并不是不愿意审查这些光盘载体的证据,而是审查的成本太高。

即使光盘没有坏,如果你不把光盘的数据刻录到电脑上,也会非常慢,而且光盘很容易被读花了,这样自己都没法反复看了。如果刻录到电脑上,往往要花几个小时,甚至半天时间,这样电脑的运行就会很慢，你就很难同时干别的事，而且噪音也很大。

还有很多电子证据的光盘都是蓝光光驱的，但是蓝光光驱的配置很少，只能到技术部门那去看，正常的台式机都不是蓝光光驱的，这样就使得在本地电脑审查案件变得十分困难。

此外，光盘的保存状况也令人担忧，很多只是在卷宗后面贴一个纸袋子，也没有任何塑料膜，这种纸质光盘套非常容易磨损光盘。结果一个光盘被一个人看完之后，下一个人几乎就没法看了，但是诉讼有多个环节。这就导致无法有效地进行反复审查。

光盘刻录的目的本来是长期保存，但是由于磨损的现实存在，几乎成为一次性的存储载体了。

这样一来，对于一名非常认真的司法官来说，每件案件都要看光盘的话，几乎都要面临看不了、重新刻的问题，这将极大影响审查的效率。而且这还只是诉讼内的审查。

如果是申诉案件，隔了数年时间，这个时候光盘再打不开，去找谁重新刻录？

本来案卷中的光盘就是一种终极性的案件信息记录载体，所以才要归档。其他不需要归档的载体介质，比如电脑硬盘等，当初就没有规定归档义务。而且由于电脑更换，内存不够需要清理等因素，就很有可能导致原始文件的灭失。

就比如监控录像，既然已经刻录了，监控电脑的文件定期就清理了，这时所刻录的光盘就成为唯一的记录载体。而这个唯一的记录载体却如此之脆弱，很容易就无法使用，那不就相当于证据灭失了吗？这与卷丢了有什么区别？

丢卷是什么责任，我们都很清楚。但是光盘花了，几乎没有人在意。

因为在档案室归档时，从来不会有人把光盘挨个打开试一遍看看能不能放，一般只是把光盘数一下而已。但是如果不能看，这张光盘跟没有又什么差别？

对未来的司法工作来说，电子证据和影音证据只会越来越多，不会越来越少。

现在随着执法规范化的要求，为了记录司法工作，也要形成大量的影音资料，我们熟悉的就有庭审录像。但是即使是庭审录像，也有因为技术原因光盘没刻上的情况。

现在认罪认罚在进一步规范化，高检院努力推行控辩协商和签署具结书等环节进行同步录音录像，这就必然会产生海量的光盘。

这不是个别案件的事情，这是 85% 以上的案件都会发生的事情，而这些光盘的审查工作必然还会移转到办案检察官身上。如果检察官折腾了半天之后，这个光盘过一段时间还能不能看还是两说，那这个折腾到底还有多大意义？而原始介质不需要归档，自然也就没有永久保存的义务，到头来想重新刻录都没有可能了。

这个问题就是光盘这个死结造成的。

光盘是二十年前，低带宽时代的数据记录和传播方式。

那时候，网络带宽大规模传输数据很慢，所以在线观看电影视频的很少，都是看片，也就是光盘。

光盘虽然容易看花了，但是成本低，可以再买，所以大家也不觉得是个问题。经常是一个盘从几个宿舍转一圈就不能看了。甚至有的片买回来的时候就不能看，有一种不稳定性。

必须承认的是，它的制作成本非常低，所以那个时候盗版盘特别流行，就是由于它的制作成本低，才容易流通。

如果是重要数据，用移动硬盘或者优盘效果更好。但主要的问题是这两种介质容易对数据进行修改，不像光盘那样固定。因此，从证据固定的角度出发，光盘确实有它的优势。

但是光盘的易损坏的缺点没有得到应有的重视。

主要是因为以往案卷中的光盘没那么多，看的人也没那么多，所以损坏率这个问题，没有得到应有的重视。

现在我们都知道，几乎没有人再用光盘了，因为已经进入流媒体时代了。

就像奈飞公司，最初也是租光盘的，但现在全是流媒体，据说整个互联网相当大的带宽都被这些流媒体公司占据了，可见流媒体对带宽的依赖。

现在无论是在腾讯视频还是爱奇艺上看电影、电视剧，都不需要将这些片子下载下来，这与二十年前有了很大的不同，那就是云端访问。这依赖于互联网基础设施的发展，现在随着5G 技术的到来，在移动端上看片也不再是问题。

云端的概念就是，这些你要看的片子其实是存储在流媒体公司的服务器上的，由于信息技术的发展，它可以同时支持海量的用户同时在线访问，并且做到极低的延迟，几乎让人感觉不到。

也就是你对这些海量的影像资料可以随时取用，极其方便，方便到你根本没有必要进行本地下载，还省却了本地存储占用的空间和时间。

假设案卷中光盘记载的内容也能够上传到云端，让司法官可以随时取用，那司法官是不是更容易进行审查，从而也更不容易犯错误？即使犯了错误，也更容易被纠正，因为这些光盘做记载的影音证据和电子证据永远都不会灭失，又非常容易被随时调阅。只要对电子、影音证据进行一次上传，后续的所有诉讼环节都可以随时调阅，包括律师辩护在内。

云端化将一劳永逸地解决光盘的缺点所带来的证据灭失的风险。大家可以想想看，五年前在流媒体网站上看的电影它会花吗？你随时观看，它都完好如初。这是因为流媒体公司都有非常强大的数据储存设备和安全机制。大家可以再想想，你十年前的微信记录，二十年前的 QQ 聊天记录会丢吗？根本丢不了，好像会永远存在下去一样。那是因为腾讯在很多地方都建立了大量的高安全等级的数据中心。腾讯公司像保命一样保护着这些数据。还有银行数据，现在银行都无纸化办公了，储户的存款就是一条数据记录，如果丢了，储户岂不是倾家荡产了？银行能让它丢了吗？这些海量而又重要的数据，哪一个是以光盘的方式作为唯一记录源存在的？

如果银行将你的存款记录刻录在一张光盘上，到头来因为光盘花了，而不承认你的存款存在，你想想你能不能接受？

那么案件信息作为同样影响公平正义，影响别人一生的数据，就用光盘这么脆弱而又古董的记录方式，合适吗？

光盘的脆弱性从一开始就被发现了，因此往往只是作为备份使用，作为大规模传播的工具，它并不作为唯一的记录载体。

光盘保存的问题，还在于它太过分散，你想提高安全等级都很难集中资源投入。

如果这些数据可以汇集到一些服务器，由这些服务器构成数据中心，对这些数据中心投入资源就能够降低成本。因为这些数据中心承载了上百万件案件的数据。这样，就不用去保养上百万张光盘。

而且这些数据中心都有备份机制，从而确保数据的安全。当这些服务器快要老化，就像光盘快要"花"了一样，可以通过逐步更新服务器，通过备份机制导入数据的方式，让这些数据载体永远不会"花"，永远都能够被顺利访问。但是光盘作为一次性的载体并不具备这种更新的机制，所以只要它"花"了，证据就灭失了。但是办案系统中的数据，包括电子卷宗就不会灭失，虽然多次迁移系统，但都没有发生过灭失，就是因为这种集中化的数据存储机制。

如果把所有案卷中的光盘都检查一遍，我相信很多都已经"花"了，也就是证据已经灭失了，只是你还不知道。也没有人想知道。但是这种证据存储方式对司法公正极为不利，也不符合社会发展的趋势。

案件档案云除了安全之外，使用的便捷性是其另一大优势。以往就是因为光盘不好打开，才不愿打开，而不是真的不想打开。

如果案件光盘云端化之后，那必然会极大提升电子证据的使用率，增加影音证据的观看率，即使你不看，你也知道一定有人看，因为太方便了。为了应对庭审的变化，公诉人必须认真审阅所有人提交的电子证据。

而且电子证据其实有很多优势。比如银行流水，如果打印就是十几本卷，但是它的内容就是几张电子表格，而且电子版更有利于检索，这种证据就必须电子化才有价值。通讯记录、账目等都有类似的特点。还有很多电子数据，几乎很难以打印的方式呈现，最好还是以其本来的载体形式出现为好。还有很多电子证据就是打印不出来。

这些证据，原来纸质卷里都没有，它们只存在于光盘之中，如果光盘打不开，你可能永远都不知道还有这个证据存在。这不就是案件存在重要的证据板块吗？而且电子这块证据板块越来越重，很多原本以为定不了的案件，仔细一看电子证据，就会发现完全没问题。而有些案件，如果你充分看到了电子证据和影音证据，也会发现其实根本不应该起诉，但是就是因为没看到这些证据，才会犯下不可挽回的错误。

因此，及时便捷地使用电子证据和影音证据有利于新时代背景下提高案件质效。

在流媒体、5G时代，将光盘作为电子证据、影音证据的唯一载体而要求归档，几乎是一件荒谬的事，如果不及时调整，而是还在光盘这个载体上继续下去的话，路会越走越窄，越走越黑。这不仅给司法工作增加了极大的负担，收获越来越负面的价值，还会让本来有用的证据垃圾化，让本来期望永久保存的证据在极短的时间内就永久灭失，走向我们期望的反面。

这都是因为我们在与时代背道而驰，在毫无基本的技术常识的条件下盲目决策带来的恶果。

而且这个恶果目前并无任何缓解的迹象。但我相信，这个恶果足够大的时候，决策层早晚会认识到案件档案云的重要性。如果不相信的话，就随便找几张案卷中的光盘放一放。

第三章　司法与判断

信访压力与司法判断

　　所谓机械执法，主要就是唯结果论。比如互殴案件，凭什么谁伤得重谁就是被害人？也许伤得重的一方正是案件的挑起者，而所谓的嫌疑人不过是正当防卫者，至少有很强的防卫性质。

　　这种归因方式显然是机械的，违背法理和常理的。那为什么很多司法官还是会这样考量，难道只是司法惯性吗？

　　这里确有隐情，有一股强大的力量在迫使司法官违背法理和常理来考虑问题，那就是信访因素。

　　伤的一方，虽然并不一定真的是被害人，但是却给人一种可怜的外观，从而可以博取同情。谁让他把我打了，谁让他把我骗了？这是一种习惯性的句式。目的不是获得答案，其答案自然蕴含在反问当中。这种反问的方式目的在于混淆是非和真相，也就是有意地让人忽略他挨打的原因：是不是先打了别人，或者别人的亲友？是不是因为自己先无理取闹打上门去的？

　　但是任何无理取闹的人都会举出一些道理证明自己的正当

性，只是这些正当性经不起常识常理的推敲。如果仅仅依靠讲理，那显然他早就输了。如果他真的讲理，可能也就没有案件发生了。

但是如同挑起案件的原因一样，他对司法官也可以施加一定压力而逼迫其就范，比如信访。比如声称不给我办我就找你们领导，找你们上级，我就不走了，等等。

接受信访的部门往往是办案之外的部门，他们对信访问题的关注程度也决定了司法官的压力程度。如果他们能够秉公办事，避免偏听偏信，避免主观恣意，对办案人员有一份了解之同情，他们就能够把无理的信访及时屏蔽和化解。但是如果他们也是机械执法，也是不问青红皂白，甚至是有罪推定，认为既然有人找你了，就是你有问题，而不是实质考虑问题的性质，也缺少兼听则明的程序意识，武断地下结论，或者把这些压力都一股脑地推到承办人身上来，短期内肯定会造成一些内部的不公正，产生内部机械执法的效应，进而引发寒蝉效应。因为即使你是正确的，也没人给你做主。长此以往，将无人敢坚持正确的主张，只要有人闹，谁闹得厉害，就倾向于谁。无论是捕与不捕、诉与不诉、刑罚轻重、死刑与否，都会被当事人的信访压力绑架。

在这种情况下，还坚持正确主张，就会成为以卵击石，一意孤行，往往会被碰得头破血流。

有一起诈骗的案件，承办人考虑到适用"大量通过非法获得的身份证"的事实，而且有相当多的身份证使用了，但是未实际取得犯罪数额，就没有进行评价，就追加了身份信息类的罪名，一审判决有罪，二审删掉了这个罪名。被告人举报公诉人对其乱追诉，这里虽然有对牵连犯的理解问题，但司法解释中确实有数罪并罚的空间，且经一审法院认可，并非瞎追诉，只是追诉这一诉讼监督行为没有获得成功而已。事实上，检法对于法律认识上也存在一定的分歧，很难说谁一定就是错的。

对于这种情况，仅听被告人一面之词，对案件反复进行复查，还一度考虑对案件进行负面评价，追究检察官的司法责任，让检察官担惊受怕，显然会产生寒蝉效应。我敢想象，这位公诉人一定以后不敢再追诉了，公安移送多少，就诉多少，追加一个罪名只要被告人不满意，就会被折腾一番。

但是司法机关并不是服务行业，并不是追求让嫌疑人、被告人获得满意的追诉体验。无论司法再公正再文明，获得刑罚都是一种痛苦的体验，没有多少人可以完全心悦诚服地接受。但是只要做到公正、不枉不纵、程序合法就是好的司法行为，就是公正的诉讼程序，而不是要求被告人完全满意，或者给被告人一个客户满意度评分表，让其对司法机关的表现进行打分。

司法行为并不是对嫌疑人、被告人的私人服务，而是通过法律手段对有罪者的惩罚，当然惩罚的同时要确保公正，要严格避免无罪者被错误地追究。但这一职能仍然是公器，它服务的是全体国民，是公众，是沉默的大多数。那些没有强烈表示情绪的人，也是我们的客户，不是谁闹得厉害，谁就是客户，不闹的，配合司法机关工作的，与情绪激烈的一样都是客户，我们要考虑的是全体国民的整体利益，而不是个别人的个别利益，尤其是其主张的诉求并不合理的情况下。

比如狮子大张口，要求过量赔偿的被害人，他对认罪认罚提出不同意见，认为没有满足自己的需要就是不公正的，如果按照他的标准来衡量和处置，那对被告人就是不公正的。如果我们拿这个不合理的诉求来要求被告人，不能满足这个大额的赔偿需求就不算认罚，不能从宽，那我们就成了讨要不合理赔偿数额的工具。并且对以后的纠纷处理和司法处断树立错误的先例，创造不公平的标准，那就更是错上加错。

可见，满足个别人的不合理诉求，反而是对大多数合理诉求的冒犯，这本质上就是一种不公正。

问题是，这些坚持合理诉求的大多数往往是沉默的、缺少强烈情绪和强烈意思表示的，但是个别人的不合理诉求却是激动的、强烈的、无法忽视的。有些司法官为了避免这些压力危及自己的职业安全，就索性屈从于这些强力，作出妥协，时间长了慢慢还总结出一些规则和规律。比如互殴案中，受伤较重一方就是被害人；为了避免矛盾激化，这样处理比较稳妥，只要按照强势一方的要求办，这个案子就过去了，谁叫另一方面没有什么反应呢；被害人家属意见比较强烈，因此应当从重处罚，也不问一下强烈的意见是否合理。

这样就破坏了司法机关依法独立行使司法权的原则，司法官的意见被干扰了，他在处理案件的时候不是考虑如何才是最公正的，最能经受历史检验的，而是考虑哪种处理方式对自己是最安全的，是最能够避免引起麻烦的，是最能够从当下过关的。

　　但是这种方法往往是机械的，违背常识常理的，甚至是违背法理的，无法得到历史检验的。虽然短期可以避免引起风波，但是长期来看，由于其背离法律的精神，因此反而增加了长期的风险。当然，如果短期的坎儿都过不去，谁还考虑长期。

　　这实际上是一种司法的短期主义，恰恰是与司法的长期主义相悖的。其中最根本的原因就在于，司法机关的运行中缺少一种人性的、信任的、程序公正的机制，使得司法官无法享有免于恐惧的自由。

司法的偏见

　　人会以偏狭的、落后的观念来看待他人和新生事物，这是人的偏见。

　　而且傲慢和偏见往往如影随形。这可以举出很多例子。

1. 外地人就得捕

　　比构罪即捕更为常见的司法惯例，是外地人就得捕。这主要是对流动人口的恐惧，也体现了一种先入为主的偏见，即犯罪主要是由外地人进行的。而且外地人在本市没有户籍，没有固定的职业和住所，因此不能保障其到案，一放就跑了。实践中，确实有一些嫌疑人取保之后就以为没事了，回到原籍就不回来了。

　　但本市户籍的嫌疑人和被告人，也有一取保就跑到外地的啊，根本无法依据户籍判断其是否会逃跑。

　　随着社会经济的发展，流动人口的比例在大中城市不断提高，北京非本市户籍的常住人口占到了38%，上海则占到了42%，也就是接近一半的人口是外地人。

从人口统计上来说，普查时实际居住在本市的、离开户籍登记地满半年及以上外省市户籍人口，就算本市的常住人口。

注意，这就叫常住人口。简单使用"外地人"这个概念已经不准确了，因为其虽然户籍没有迁入，但其人长期在本市生活，甚至家庭就在本市。有些已经买了住房，有些虽然由于购房限制尚未买房，但也是居住了很多年，有稳定的工作和收入来源，在本市有稳定的社会关系。

这些不应简单地因为没有本地户籍就完全抹杀。

简单地以户籍划分本地人和外地人，进而判断是否符合逮捕条件的，是以传统的、固化的社会管理模式来看待现在开放的、流动性的社会状态，这必然是一种偏见，不符合社会的发展趋势，也不符合法治文明的发展趋势。

实质性地把握其社会关系的稳定性，住所、职业的稳定性，才真正符合少捕慎诉慎押的精神，也符合现代社会开放、文明、包容的本质。与之配套的，应该是动态治理，而不是静态治理；是柔性治理，而不是机械治理。

2. 流动人口是不稳定因素

外地人都要捕的深层次原因还在于对人口流动的恐慌，害

怕不好管理，动起来就增加风险。

但是不动起来哪有活力啊？

市场经济的特征之一就在于资源的动态配置，其中劳动力就是重要的生产要素。

这也是这几年来很多城市都出台各种措施吸纳人才的原因，比如很多城市只要本科学历就能落户。因为在出生率下降，人力资本越来越稀缺的时代，人才是最宝贵的资源。但并不是所有城市都认识到了这个问题。

也不是所有司法官都认识到了这个问题。

我们有时候只是看到了流动人口带来的犯罪和负面因素，却忽视了流动人口带来的创业机会和就业机会，这些与其所带来的犯罪呈一定的正相关关系。

比如人多了，好的机会多了，骗的机会多了，偷的机会也多了；人多了，发生冲突的可能就会增加，故意伤害、寻衅滋事的可能性就会增加，驾驶人员和车辆也会增加，危险驾驶的比例就必然相应提高。

这些利弊是如影随形的，你不可能只要好的，不要不好的。即使提高学历门槛也一样，这是一种犯罪饱和理论，需要城市进行综合性治理，而不是只通过简单减少人口就能解决的。

如果过大力度地减少人口，那么在减少犯罪发生的同时，也可能降低城市运行的效率，提高城市运行的成本，最后算下来未必是划算的。

一些大城市的司法机关很繁忙，案子很多，好像犯罪在高发，但还是无法阻挡外来人口聚集的脚步。这说明这个城市有活力，这个活力必须容忍一些负面效应，不能进行因噎废食的治理。

如果完全排斥外来人口，最终会使整个城市的经济凋零。想象一下那些人口净流出的城市，那里的确是没有什么外来人口了，犯罪也相应少了，但是有人愿意去吗？

3. 被害人都是有理的

很多被害人经常说："谁让我被骗了？""谁让我被盗了？"意思就是我是被害人，你就得管我。

有些司法官也被他们唬住了，也不敢说话了。

被害人的合理权利是要维护，但这并不意味着被害人所有的行为都是对的。

首先，是嫌疑人侵犯了被害人的利益，而不是国家侵犯了他们的利益。因此嫌疑人对其负有赔偿义务，而不是国家对其负有赔偿义务。虽然在特殊困难的情况下，可以为其申请司法救助，但这并不意味着，所有案件的被害人，在嫌疑人无法赔偿的情况下，司法机关都需要对其进行赔偿。这一点不要搞混淆了。

努力追赃肯定是必须的，但是很多经济犯罪的嫌疑人隐匿财产的能力很强，完全追赃非常难，尤其是涉众型经济犯罪，更是难上加难。

其次，并不是主张权利的人就是被害人。我就见过，一个人把自己的钱借给别人，别人被骗了之后，他跑到司法机关主张权利，非要司法机关把他当作被害人。事实上，他只是被害人的债权人，他没有被骗，是他的朋友（债务人）被骗了。案件本身跟他没有直接的联系，他完全可以向其朋友主张债权，这是完全有法律保障的，但他向司法机关主张权利并没有任何法律保障。还有的被害人不出面，让他的亲友出面，有些案件中，甚至由被害人的岳父岳母出面主张权利。对于这些主张权利的人应该客气，但是要把钱直接赔偿给他们就麻烦了。

再次，不要以为伤得重的人就是被害人。有些伤得重的人就是加害人，只是倒打一耙。原来正当防卫条款用不起来，很多时候就是以结果来论被害人，这显然是不公平的，也是不讲道理的。还是要把案件的起因搞清楚，用事实证据说话，结果只是一个方面，最重要的是过程。通过证据还原真相之后，那就该实事求是，与伤得轻重并没有直接的关系。

最后，更不是闹得越厉害的一方越有理。很多没有道理的一方，有时是被害人一方面，有时是嫌疑人家属一方，往往通过闹的方式给司法机关施加压力，比如向更高级的机关反映情况，堵大门，围堵司法人员，甚至以伤害、杀害司法人员的方式让司法机关向其屈服。为了避免矛盾升级，平息舆情，有一些司法官就要处理这些不合理的诉求。这其实是干扰独立行使司法权的行为，不仅影响个案的公正性，而且容易形成危险的先例，从而鼓励这种施压比赛。

我们也必须承认，有些情况的反映确实是有道理的，但我们评价这些"情况反映"是否有道理必须根据事实和证据，而不能根据反应的激烈程度来判断。

时代在发展，司法必须跟上脚步，以老眼光看人，以老方法办事是无法适应公众对司法的新需求的。所谓扭转司法的偏见，就是放下司法的傲慢，以虚怀若谷的姿态，以海纳百川的心胸，来拥抱变化和发展，以供给侧结构调整的方式来满足人民群众新一轮的司法消费升级。

刑罚的谦抑性主要体现在检察机关

老是说刑罚的谦抑性，但如何实现呢？

我认为主要体现在检察机关。

法院的作用也有，主要体现为非监禁刑的适用。但非监禁刑也依然是判刑，即使免刑也是有前科的，这个谦抑性就体现得不充分。情节显著轻微的无罪，总体来说太少了，以审判为中心主要体现在证据裁判原则的运用。

对公安机关提"以审判为中心"又过早，事实清楚、证据确实充分的案件，是否需要受到刑罚处罚，是否需要提出指控，侦查机关在把握上有难度，这涉及刑事政策的考量问题。

因此，对刑事政策的把握，确实主要落在了检察机关。

主要就是捕、诉两个职权。

很多情节轻微，还没有达到显著轻微程度的案件，是否需要提起公诉，主要的考量因素就是刑罚的谦抑性。也就是一种犯罪行为是否需要让它受到刑事评价。如果起诉了，法院会判得轻一点，但是多少还是会判刑，这多少会判的刑罚，就会成为犯罪人一生的污点，难以洗刷，这就是刑罚的标签作用。这也是刑罚需要审慎，需要保持谦抑的原因。

尤其是近 20 年来犯罪结构已经发生了很大变化，现在是轻罪占到了绝大多数。为了避免废除劳动教养等措施之后的管制真空，立法降低了一些常见罪名的入罪标准，尤其是危险驾驶的入罪，导致现在的犯罪圈存在扩大化的趋势，稍有不慎就容易入罪。比如多次盗窃的，就不用考虑数额，危险驾驶罪中 80 毫克就入罪，有些地方甚至将使用假证加油的快递小哥纳入刑事犯罪评价。以往只须接受行政处罚的行为，今天就构罪了。这是一个巨大的变化。

但是刑罚的杀伤力太强大了，它会伴随终生，成为融入主流社会的一种限制，甚至会牵连到子女。考虑到这些问题，我们对刑罚的启用必须要慎之又慎。

在这里，首要责任就在检察机关，要看检察机关能不能把住这个指控关。指控看起来只是一个请求权，而不是决定权，它本身不能定罪也不能处刑。

但是对于不存在证据问题的案件，这个定罪处刑概率是极高的。因为无罪判决本身就是非常慎重的，它的数量本身就非常有限，主要还是用在事实和证据问题上，不会轻易在情节显著轻微这个问题上使用。

很多起诉的案件，也不能说是显著轻微，而只是一般轻微，大部分还是可诉可不诉的案件，这是主流。

对于这种案件，法院是没法把握的，只能在刑罚上做一些文章，但是无论怎样做文章，这个前科肯定是留下了，这个标签化和污名性就留下来了，刑罚的谦抑性就没有得到发挥。

这时候只有将指控阻拦在起诉阶段，才能从根本上发挥刑罚的谦抑作用。

这个谦抑作用的本质，就是刑罚不应轻易地使用、过多过滥地使用，否则会使刑罚呈现边际递减的效果，用多了就没用了。而且其产生的负面效果如果超过了正面的预防效果，那刑罚的作用就是负面作用，越用效果越差。

在阻却刑罚负面作用的发生，体现刑罚谦抑性的本质这一点上，指控就不是请求权而是决定权了。因为虽然检察机关不能决定起诉之后如何适用刑罚，但能够通过不起诉来决定刑罚的不适用，甚至是定罪的不适用，以根本性和确定性地阻止前科效应的发生。

近年来不起诉呈现了持续增长的态势，2021 年第一季度全国不起诉 57770 人，同比上升 64.4%，不起诉率已经达到了13.8%，同比增加 2.5 个百分点。这里有正当防卫这类的法定不起诉，也有把住证据关的存疑不起诉，目前一个最重要的增长点就是通过认罪认罚制度的适用，带来的越来越多的相对不起诉。

也就是通过不起诉来体现刑罚谦抑性的作用。这一点要远远高于情节显著轻微而判处无罪的概率，但二者都可以实现阻止前科的作用。

可以说相对不起诉就是刑罚谦抑性作用的主力军。

除了不起诉之外，不批捕也发挥了重要的先导性作用。它是一个预言和铺垫，因为相对不起诉的案件，既然是情节轻微，无须判处刑罚，那自然更不需要采取逮捕这么严厉并且长期的强制措施。

如果采取了逮捕措施，就很难再下决心做相对不起诉了，除非情节有比较大的变化，比如达成刑事和解等，但是这种几率还是比较低的。

逮捕一般就预示着起诉，甚至可能判处实刑，而不是相反，捕对诉的绑架作用是客观存在的。因为捕后不诉也说明逮捕质量不高，为了证明不是逮捕质量不高，一般就会起诉。

因此，要想充分发挥相对不起诉的刑罚谦抑作用，首先就要将不起诉从逮捕措施中解放出来。也就是从一开始就要尽量避免使用逮捕的强制措施。

2021年第一季度全国不捕70714人，同比上升86%，不捕率27%，同比增加4.8个百分点。不捕率接近不诉率的一倍，而且上升的势头更猛，就说明了这个问题。

不是捕在绑捆诉，而是为了不让诉被捆绑，捕先来自我松绑。比如2020年逐渐推开的"非羁码""电子手铐"等羁押的替代措施，2021年全国部分地区又在推广相关羁押替代措施的试点工作，检察机关逐渐在树立一种以不羁押为原则，以羁押为例外的导向，尤其是在轻罪领域，原则上不采取羁押的强制措施。

不羁押不仅让通过不起诉来发挥刑罚的谦抑性变得畅通无阻，而且可以从一开始就尽量避免短期自由刑的弊害，避免将嫌疑人从社会网络中剥离，保持嫌疑人核心社会网络的稳定，从而为其能够复归社会保留最大的可能。

当然，认罪认罚制度的适用，要在刑事和解、退赃退赔等领域深入考察嫌疑人的认罚态度，以修复社会矛盾为前提保持刑罚的谦抑性，让嫌疑人免受前科之苦的同时，让被破坏的社会关系能够得到最大程度的修复，从而促进社会和谐。

刑罚应该谦抑，但不是随便谦抑，不是无条件的妥协退让，必须以嫌疑人充分的认罪认罚、修复社会矛盾为前提。在确认其人身危险性降低、各方面没有强烈反对意见的情况下，此时的谦抑才会收到各方面的祝福。

律师在具结书上签字到底是见证，还是同意指控意见？

认罪认罚推行这么长时间了，这仍是一个争论不休，又不得到正面回应的问题。

但这牵涉到律师的责任，以及一系列严重的法律后果，是不能一直回避的。

《刑事诉讼法》第174条规定得很简单，那就是犯罪嫌疑人自愿认罪，同意量刑建议和程序适用的，应当在辩护人或者值班律师在场的情况下签署认罪认罚具结书。

法条中连"见证"这个词都没有提到，只是规定辩护人或值班律师在场。这并非立法者的故意遗漏，因为其他法条有多处出现过"见证"这个词。

比如第133条，勘验、检查的情况应当写成笔录，由参加勘验、检查的人和见证人签名或者盖章。

第140条，搜查的情况应当写成笔录，由侦查人员和被搜查人或者他的家属，邻居或者其他见证人签名或者盖章。如果被搜查人或者他的家属在逃或者拒绝签名、盖章，应当在笔录上注明。

这些法条中除了规定见证人，还明确规定了见证人需要签名的义务，这是十分具体的。

没有规定，就说明辩护人或者值班律师在场的义务是法定的，而签字的义务不是法定的。

签字这个义务实际上是由两高三部《关于认罪认罚指导意见》第31条规定的：犯罪嫌疑人自愿认罪，同意量刑建议和程序适用的，应当在辩护人或者值班律师在场的情况下签署认罪认罚具结书。犯罪嫌疑人被羁押的，看守所应当为签署具结书提供场所。具结书应当包括犯罪嫌疑人如实供述罪行、同意量刑建议、程序适用等内容，由犯罪嫌疑人、辩护人或者值班律师签名。

这个规定是对在场义务的具体化和可操作化的安排，也就是通过签名来证明在场。这确实是比较简便的方法，但绝非唯一的方式，更不是法定的要求。

而且从法律效力来看，这个文件由于有其他部委的参加，因此并不属于司法解释，而是低于司法解释的规范性文件。因此只能说"签字"的要求都不是对"在场"的司法解释，而只是在工作层面的一种要求。

这种要求当然不可能超出"在场"的语义范围。而"在场"

只能进一步理解为"见证"，不可能推出"同意指控意见"的含义。

"在场"的更本质的含义只是"在一旁"的意思，也就是签字的时候律师也在，既然律师在旁边，嫌疑人就可以随时得到法律帮助和咨询，就不是孤身一人，完全没有依靠的。如果法律帮助和咨询的建议是不建议签署具结书，但是嫌疑人还是一意孤行要签署具结书，这个签署的行为也是不可能否定律师在场的事实的。也就是这并不违背法律的本意。

法律的本意就是有法律的专业人士供你随时咨询，但是意思自治的自由还是在于嫌疑人自己，也就是要保证嫌疑人的独立人格和法律地位，他作为一个理性人要对自己的行为负责。但是鉴于签署具结书可能引发法律程序简化，进而对嫌疑人产生一些不利的影响，为了避免嫌疑人在不具备足够的法律知识的情况下，就放弃了充分审判的权利，才为他们特意配置了专业的法律人士提供帮助。

但是律师并不是监护人，而即使监护人不同意也不能阻止认罪认罚。

因为《刑事诉讼法》第174条的后半部分规定了如下内容。

犯罪嫌疑人认罪认罚，有下列情形之一的，不需要签署认罪认罚具结书：（1）犯罪嫌疑人是盲、聋、哑人，或者是尚未完全丧失辨认或者控制自己行为能力的精神病人的；（2）未成年犯罪嫌疑人的法定代理人、辩护人对未成年人认罪认罚有异议的；（3）其他不需要签署认罪认罚具结书的情形。

也就是在未成年犯罪嫌疑人的法定代理人、辩护人对未成年人认罪认罚有异议的情况下，只是不签署具结书而已，并不是否定了认罪认罚。

　　既然监护人都阻止不了，那律师就更阻止不了。

　　作为成年的嫌疑人，具有高于未成年人的认知能力，是完全可以在律师反对、自己坚持的情况下签署具结书的，而这种情况下也推断其具有理性的认知能力。既然律师激烈地反对，那也更进一步证明了嫌疑人进行了比较充分的法律咨询，他应该更加清楚自己签署具结书的后果和意义。律师的努力表达也更加强化了在场性，而这种在场性正是法律的本质要求。

　　除此之外，法律并无额外的要求。

　　当然，认罪认罚的规范性文件要求签字，这样比较方便证明律师的在场，如果不签字可能违背了法律的形式要求，但并不违背法律的实质要求。

　　即使从规范性文件要求的签字来看，也不可能推断出签字包括了同意指控的内涵，因为这远远超出了法律关于"在场"的明确含义。

　　而且这实际上是将辩护人置于具结书出具方的角色，但显然具结书的本质是嫌疑人对司法机关的单方面承诺，但因为其中的条款系检察机关拟定，从而检察机关也可以作为具结条件的提出方。

　　但无论从具结书的本质属性，还是从"在场"的本质含义来看，都无法推出：律师可能成为具结书的当事方，需要他的签字同意才能生效这样的含义。

律师只可能有"见证"这一种功能，不可能有同意指控意见的功能。

但既然逻辑如此简单，为何还会引发这久久难以平息的争议？

这主要由于两方面的错误理解。

一是部分检察官的错误理解。部分检察官错误地理解只要律师在具结书上签字，就不能发表与具结书不符的辩护意见，比如无罪、罪轻的意见。这种意见的发表，视同嫌疑人的反悔行为，有可能导致撤销具结书的后果。

这主要是担心律师独立的辩护权会影响认罪认罚的稳定性，害怕对嫌疑人产生影响，促使其反悔。即使没有促使其反悔，也打乱了原来预期的相对简单的出庭策略，从而增加额外的工作量。

他们坚持律师签字就是表明其同意指控意见的观点，希望通过具结书将律师的意见捆绑上，通过压制辩护来降低庭审的不确定性。这显然是一种奢望。

这种观点的错误，既超出了法律规定"在场"的立法内涵，也剥夺了辩护人的独立辩护权，将辩护意见与被告人的意思表示相混同。

二是辩护人的错误理解。认为辩护人不签字的行为可以左右认罪认罚制度的适用，通过对检察官希望完成认罪认罚心理的把握来迫使检察官下调量刑建议，或者在诉与不诉，事实认定和罪名认定上作出重大妥协。

这里边的潜台词就是，这个字只要我不签，你这个认罪认罚就办不了。

但是刑事诉讼法并未规定认罪认罚需要征得律师的同意，并未规定具结书要由嫌疑人和律师共同签署，没有律师签字不发生法律效力。

法律的规定是，嫌疑人在律师在场的情况下签署，是嫌疑人签署而不是律师签署，也不是两者共同签署。只是要求律师在场，甚至都没规定需要签字见证。

从法律的要求来看，律师的签字不是必须的，只有在场是必须的。

签字只是证明自己在场，至于在场开展工作的情况，发表的意见，是否为检察机关接受，是否为嫌疑人所接受，具结书自己是否满意等，这统统都不是法律的要求。法律的要求只是"在场"。甚至都不需要当场主动发表意见，因为"在场"就意味着嫌疑人需要咨询的时候有人可以提供专业意见。也就是当嫌疑人非常清楚法律规定，检察官解释得非常清楚，律师没有更多可以解释的时候，也可以不做解释，等着嫌疑人问起来再答也是可以的。

法律帮助和法律咨询不是硬塞到嫌疑人手里的，只是供其随时取用的法律智囊和心理支撑，也有备而不用的可能。

当然，这种理解也存在一种合理化的担心，那就是我签了字，一旦这个案子有问题会不会找到我？好像我也同意了指控意见，回头可别让我背锅。因为签字画押总感觉是一件非常严肃的事，不能等闲对待。律师也要考虑自己的职业风险。

律师的担忧是合理的，而这种担忧迟迟得不到消解，主要是由于检察机关迟迟不对"在场"的本质含义进行重申，不对签字行为仅系证明在场性的有限功能进行明确，进而引发检律双方对这一问题进行双向的错误联想。

虽然这看起来是一个签字性质的技术性问题之争，实际上却是法律责任的界定，有必要予以进一步的明确。

那就是法律只是规定了律师在场，只要在场就够了，既不需要同意指控意见，甚至都不需要签字，来就行了。但是从文件规范意义上，用签字的方式证明来了更好。但是不用签字，用视频证明从法律上来讲也不是不行的。

无论从何种角度，在何种规范文本上，都无法推出"签字"会产生同意指控意见的含义。也就是说，律师在具结书上注明：已到现场见证，但不同意指控意见。这也不影响其在场"见证"的行为。从签字的规范性要求上，不能说这不符合要求。

判例能成为法吗？

很多人认为我们是大陆法国家，成文法国家，谈判例法是非常幼稚的，觉得这是天方夜谭，因此很少人有人把它当作一个严肃的话题。

但是我们都知道，2020 年最高法院出台了《关于统一法律适用加强类案检索的指导意见》，前不久最高检专门召开会议研究构建案例强制检索制度。当然这是从重视个案指导作用来看的，是指导案例制度的延续，或者说进一步的制度化。

但它是否就意味着中国的案例会成为普通法系判例法一样的判例？这是很多人不以为然的地方。理由主要是我们是不同法系，所以就是不搭界的，以前不会，以后也不会。

但是谁说以前不会，以后就一定不会呢？这个逻辑是不成立的。

为什么我一直强调，类案检索制度就意味着判例法的雏形呢？主要就是因为这一句话："检索到的类案为指导性案例的，人民法院应当参照作出裁判，但与新的法律、行政法规、司法解释相冲突或者为新的指导性案例所取代的除外。检索到其他类案的，人民法院可以作为作出裁判的参考。"（最高法《关于统一法律适用加强类案检索的指导意见》第9条）

无论是"应当参照作出裁判"还是"可以参照作出裁判"，都意味着这个案例所蕴含的规则被作为法律依据一样被适用。参照作出裁判的直接意思就是那个案例怎么判的，你就怎么判。抽象一点就是，那个案例中提炼的规则，因为你也遇到了相似的情况，所以你也可以拿过来用。

就比如这几个《刑事审判参考》中的案例：

谭继伟交通肇事案〔第696号〕——交通肇事后报警并留在现场等候处理的，应认定为自动投案。

王友彬交通肇事案〔第697号〕——交通肇事后逃逸又自动投案的构成自首，但在逃逸情节的法定刑幅度内视情决定是否从轻处罚。

周元军故意杀人案〔第701号〕——不明知自己已被公安机关实际控制而投案的，不认定为自首，但可酌情从轻处罚。

张某等抢劫、盗窃案〔第702号〕——接受公安人员盘问时，当场被搜出与犯罪有关的物品后，才交代犯罪事实的，不视为自动投案。

这些副标题就相当于案例中提炼的规则，遇到相似的情况，在参照这些案例作出裁判的时候，不就是在适用这些副标题的规则吗？这几个副标题提炼的规则十分具体，而且是目前法律和司法解释没有规定或者规定得不够明确的地方。如果一定等着法律和司法解释的修改，往往是来不及的。这个时候案例就变得十分有意义了，它相当于填补了一些规则体系的空白地带。

比较明显的是，疫情期间两高连续发布多批指导性案例，目的也是在规则应用上救急。需要明确的规则千差万别，不可能在短时间内为其出台整套的司法解释，立法就更不要想了。但是司法标准需要统一啊，这又是刻不容缓的。

在这种情况下，指导案例就成了一种非常有价值的规则替代品。

因为所谓的指导案例，它的目的不是在说一个故事，而是通过要旨、副标题等形式建立一些比较微观但十分具体的规则，目的就是使法律规定更具可操作性。

你可以把原来的司法解释理解为专辑，把案例理解为单曲。案例一个是一个，不用刻意追求系统性，但是它确实能够解决燃眉之急。

司法解释则要追求系统性，要有结构，要分成几部分，等等。这样的话就要积攒一些典型问题和实践经验，还要对其中的逻辑结构进行梳理，这样就往往就要等待较长的时间。

这就像人满才走的小巴，就要等着人上满了才能开车，也就是只能等到人攒的差不多的时候才能开车，着急的就只能打车走了。

案例就相当于打车，也就是只有一个条文就可以走了。从这个比喻，能看到二者的灵活性有着很大的差别。

法律就更不用说了。修改法律就像搬家一样，轻易不会动，动一次扒层皮。法律需要力保自身的稳定性，一旦制定了最好能用很多年，能用几百年就更厉害了。这就非常像不动产，最好轻易不动。

即使房子的陈设落后了，一般也不会轻易重建或者大修，往往就是买点装饰品，对付一下，司法解释往往就起这个作用。

但是世界发展太快了，生活节奏也随之变快了，服务的节奏也就必须要跟上来。

案例就是为了适应社会生活的快节奏应运而生的。很多时候根本等不及法律和司法解释的出台，那就只能案例先上。也不要管它是成文法还是判例法，能作为裁判依据妥善为公众定纷止争是最重要的。

公众要的是公平正义，并不在意规则的具体存在形式。

这种存在形式到底是法律、司法解释还是案例，可能是法律人关心的，但并不是公众所关心的。

公众只是希望尽快地实现自身的法治诉求。

随着社会经济的发展、纠纷的复杂性的增加，公众对规则的需求越来越多，需求的变化也越来越快。这个节奏是传统的成文法所跟不上的。这就导致司法解释填补了很大的空白。到了现在，司法解释也跟不上节奏了，这就需要案例来进一步填补。

这是在效率意义上的填补，但也只是判例的一个功能。

判例更重要的功能是它具有极大的多样性，能满足个性化的需求。

如果说一部法律有一百个条文的话，针对这部法律的案例可以衍生出上万个，数十万个，每一个案例都蕴含着一条规则，所以判例所建立规则的丰富性与成文法是有量级上的差异的。

这就意味着案例可以满足更多不同的法治诉求，这就有点像电商与传统百货商店的区别，在商品品类方面二者是有着天壤之别的。

这是因为两者使用的是不同的运行模式，这就像判例法与成文法的差别一样。

回答判例法为什么有其存在的价值，就像回答电商为什么会更适应现代生活一样。这是因为社会多元化了，需求的差异越来越多样，小众群体越来越多，大路货越来越不能满足他们的需求，这些群体变得越来越挑剔，喜好越来越不同。

这是社会不断发展的产物，每个人的个性可以充分释放，个人化的需求可以充分表达并能够被满足。

司法机关之所以重视案例，就是希望在每一件案件中实现公平正义，因为每一件案件都会有一些特别的问题，它们与法条之间存在很大的距离，与司法解释也不能完全吻合，如果不是那么在意正义匹配的精准化，可以将就用那些法条的。

但是随着公众法治品位的提高，笼而统之、大而化之、大概齐的适用条文就会让人感觉"差点儿意思"。海量的案例就为这种规则的精准化提供了更大的选择余地。这就像 12 色水彩换成 64 色之后，那画面的层次自然就细腻多了。

案例不过就是创造一个更加细腻多样的规则体系，它细化了社会规则的颗粒度。这也是它好用、受到欢迎的原因。

这种受用是一种刚需，就像你对显示器分辨率的适应性一样：看惯了高清的，就看不了大颗粒了，后者看起来就像马赛克一样。

今天，我们能够看到高清，还是因为我们富裕了，生活水平提高了，需要活得精致一点了。案例不也是这个意思吗，它不就在使规则体系更加精致一点吗？

这个需求趋势如何能够被阻挡？

判例法是建立在法治需求多元化、精致化、及时性的基础之上的。

这也是判例能够成为裁判参照规则的原因。

能够普遍被引用的规则，不就是活的法律吗？

"买孩者"的罪与罚

郭刚堂找到了孩子，"失孤"画上了圆满的句号。

但是公众对收买行为的谴责没有停息，要求严惩"买孩者"，要求"买卖同罪"的呼声也再起。

国家在"打拐"的问题上态度是坚决的，力度是逐渐加强的。在收买的问题上，也是由不处罚到处罚，且力度也在不断加强，但确实与拐卖的处理上存在很大的区别，没有采取"买卖同罪"的处理方式。

1979 年，《刑法》设立了拐卖人口罪，法定刑在 5 年以下。

1983 年，全国人大常委会制定了《关于严惩严重危害社会治安的犯罪分子的决定》，要求严惩拐卖人口犯罪集团的首要分子或者拐卖人口犯罪情节特别严重的行为，最高可判死刑。

1991 年，全国人大常委会制定了《关于严惩拐卖、绑架妇女、儿童的犯罪分子的决定》，增设拐卖妇女、儿童罪，最高刑处死刑，与拐卖人口罪并存。

1997 年,《刑法》修改,取消了拐卖人口罪,吸收了拐卖妇女、儿童罪,同时增设收买被拐卖的妇女、儿童罪,收买行为第一次入刑。也就是"买孩者"在 1997 年才有了《刑法》的处罚依据。在这个处罚依据中还增加了"可以不追究刑事责任"的"但书"规定,降低了对收买者的处罚实效。

从 1991 年起至今,中国组织了 5 次大规模的"打拐"行动,虽然每次都会收到相当大的成效,但是随着专项行动的结束,拐卖行为也会死灰复燃,对买方市场的惩罚成为公众的普遍诉求。

2003 年,联合国出台《联合国打击跨国有组织犯罪公约关于预防、禁止和惩治贩运人口特别是妇女和儿童的补充协议议定书》,我国于 2010 年批准,2013 年加入该《议定书》。

2013 年,我国制定《中国反对拐卖人口行动计划(2013—2020)》。

2013 年,两高两部出台《关于依法惩治拐卖妇女儿童犯罪的意见》。

2015 年,《刑法修正案(九)》颁布,取消了收买行为中"不追究刑事责任"的但书规定,修改为从宽处罚的规定,从而进一步加强对收买行为的打击力度。

2016 年,最高人民法院出台《关于审理拐卖妇女儿童犯罪案件具体应用法律若干问题的解释》。

可见,对拐卖行为的打击是一个持续而一贯的过程,对收买行为的认识和处罚也是一个不断变化的过程，这个过程是与国际国内的形势、社会经济发展的水平以及法治发展的水平息息相关、紧密相连的。

一提到孩子，很难让人完全保持理智，我也有孩子，我们夫妻都不太敢看《亲爱的》这种类型的电影，否则做梦都会丢孩子。孩子只要有那么一刹那的脱离视线，家长都会感到焦虑，所以接送孩子上学成为一种必须。好像所有的家长都在接送孩子上学。

但是我记得我小时候并不是这样的。我生于 1980 年，1986 年上小学，生活在东北的一个小县城。我记得只有我上小学的第一天是被送过去的，从此以后从来没有再被接送过一天，也不管刮风下雨，还是什么日子。即使听说被小混混劫道，或者和同学打架，也不会有人接送我。因为那时候都是双职工家庭，也没有私家车。不仅是我没有被接送过，我的同学也很少有被接送的。当然了，老师也不找家长，也没有手机，也确实找不着。

那个时候放学都是分成小队结伴而行，到最后小队也变得松散了，可能就是三五好友，或者就是自己往家走。因为其他好友放学以后结伴打游戏去了，倒有不少家长跑到游戏厅找孩子。当时除了游戏厅之外，还有可能去滑冰场，或者瞎溜达，这就不太容易找了。

即使如此，也没人采用接送的措施，相比之下，采取"修理"孩子的方式可能更有效率，家长会规定吃完饭之前必须回家什么的。所以一旦早放学一会儿，那就成了完全的自由时光，想去哪去哪。

我记得小的时候，老人常跟我们讲"拍花子""马猴子"的故事，就是提醒我们不要被坏人给拐走了。还有传说有人会在地上撒一些零钱，如果你只是顾着捡零钱，就会落入人贩子的圈套。所以不要捡钱，也不要与陌生人说话，更不要给陌生人开门，为了确保安全，如果有院子的话，还可以养一条狼狗，因为经常会有一个小孩子自己在家的情况，但我们现在完全不敢让一个小学生自己在家。

此时彼时的安全心态如此不同，是犯罪率的差异吗？其实80年代初的恶性犯罪要比现在严重得多，近几十年来严重暴力犯罪是呈现持续下降的态势的，3年以下的轻罪成为主体，排名第一的罪名是危险驾驶。

可是我们对儿童安全的关注却持续地提高，其原因何在？

一是经济发展水平提高，机动车的增加，从而导致交通安全成为威胁儿童安全的一个重大隐患。虽然碰着了，一般也不会构成犯罪，但对自己的孩子来说就是一个天大的风险。

二是社会流动性变大了。外来人口增多，孩子一旦走丢了，或者被别人拐跑了，就很容易被转移走，找到的难度变大了。在计划经济体制时代，户籍管理十分严格，甚至还需要粮票才能生活的时代，人是很难流动的，大家对陌生人是时时提防的，转移一名儿童并且长期不被发现也是有一定难度的。这也是那个时代的家长没有过于担心的原因。现在可不行了，人来人往、车来车往的，一旦找不着了，什么可能性都有。

　　这就是说这个时代的复杂性和不确定性增加了，这既是发展的结果，也构成了一种风险。

　　三是出生率的变化。这是很少有人关注的点，因为这是一个非常缓慢的变化。虽然现在逐步放开生育政策了，但出生率总体上呈现了一种持续下降的趋势。（见图一、表一）

图一　中国人口出生率走势图（1949—2017）

数据来源：百度百科

年份	出生率	年份	出生率	年份	出生率	年份	出生率	年份	出生率
1978	18.25‰	1989	21.58‰	1999	14.64‰	2009	11.95‰	2019	10.48‰
1980	18.21‰	1990	21.06‰	2000	14.03‰	2010	11.90‰	2020	8.50‰
1981	20.91‰	1991	19.68‰	2001	13.38‰	2011	11.93‰		
1982	22.28‰	1992	18.24‰	2002	12.86‰	2012	12.10‰		
1983	20.19‰	1993	18.09‰	2003	12.41‰	2013	12.08‰		
1984	19.90‰	1994	17.70‰	2004	12.29‰	2014	12.37‰		
1985	21.04‰	1995	17.12‰	2005	12.40‰	2015	12.07‰		
1986	22.43‰	1996	16.98‰	2006	12.09‰	2016	12.95‰		
1987	23.33‰	1997	16.57‰	2007	12.10‰	2017	12.43‰		
1988	22.37‰	1998	15.64‰	2008	12.14‰	2018	10.94‰		

数据来源：国家统计局

2021年5月11日，第七次全国人口普查主要数据正式公布。人口总数上，2020年全国人口共141178万人，与2010年（第六次全国人口普查数据）相比，增加7206万人，增长5.38%，年均增长0.53%。2020全年出生人口1200万人，人口出生率为8.50‰，出生人口连续三年滑落，出生率为1952年该数据存在以来最低。（《经济观察报》公众号，2021年5月11日）

这种生育率的降低是缓慢而持续的，原因是多方面的，有人口控制的原因，也有经济水平提高的原因，还有受教育程度提高，尤其是女性受教育水平提高，结婚年龄推后，经济相对独立，生育欲望下降等原因。

这些因素综合造成了低生育率和老龄化的趋势。这个趋势带来了一个重要的结果，就是特别把孩子当回事。

原来批评的"小皇帝"只是一个侧面现象。20 世纪 80 年代虽然也是一个孩子，但是父辈还是有好几个兄弟姐妹的。也就是在爸爸妈妈眼里你是一个独苗，但是在爷爷奶奶眼里他们可不是只有一个孙子孙女的，过年的时候孩子一大堆，很热闹。

但现在不行了，三代人就这么一个孩子，爷爷奶奶姥姥姥爷爸爸妈妈这六个人可能就守着这一个孩子，而且很多的家庭连一个孩子都没有，要么子女不结婚，要么结婚也不要孩子，或者想要还要不上。这一个孩子是在众多的呵护宠爱中长大的。

所以"80 后"，与"90 后""00 后""10 后""20 后"相比，虽然同为独生子女，但根本不是一个概念。

而且现在劳动力的成本也在不断提高，这不仅体现在工资上，还体现在教育投入上。课外教育产业为什么这么发达？家长为什么这么疯狂地在教育上进行投入？都是因为现在竞争更加激烈了，现在培养一个孩子和我们那个年代完全不可同日而语。

看出生率就明白了，2020 年的出生率只有 1980 年出生率的一半，生一个孩子太不容易了，能不当回事吗？

这个"当回事"的程度就直接反映到对"拐卖者"和"收买者"的惩罚上来。

比如 20 世纪 90 年代初，加大对"拐卖者"的打击力度，除了拐卖行为的严重之外，也与出生率持续下降有关，孩子变得越来越少，整个社会能不越来越把孩子当回事吗？

这种情绪既有感性的一面，也有理性的一面，那就是人力资源成本在不断提高，那就必须加大相应的保护力度。

伴随着新世纪之初这十余年来生育率的持续下滑，在打击"拐卖者"的力度已经到顶的情况下，对"买孩者"的打击力度也开始加强，从而实现了整体打击力度的提升。法律规定也从但书的不追究修改为要追究但可以从宽。

现在最新一轮的舆论呼吁，也是与出生率的持续下降吻合的，尤其是 2020 年的生育率再创新低，达到了 8.50‰，所以这看起来是一种情绪，体现出的却是一种趋势中的趋势，是体现为一种感性形式的理性。

只是，我们要从更全面的角度来审视这一诉求，民众呼吁的对"买孩者"的惩罚，并不是简单的重刑主义了事，如果到头来，拐卖儿童的行为依然严重，那时候又能怎么办呢？

重刑主义的呼声，其实是对安全感的呼吁，是对根本上解决问题的期待。

低"出生率"会带来两方面的问题：一方面是孩子更金贵了；另一方面是没有孩子的家庭增多了。而有一部分"买孩者"，恰恰就是没有孩子的家庭。

没有孩子的家庭渴望抚养一个孩子这个愿望本身是值得鼓

励的。对于有收养需求的家庭，如果有合法的渠道，方便它们进行收养的话，谁愿意冒着被定罪处刑的风险来"收买"孩子呢？

不得不承认的是，目前《收养法》规定的收养门槛太高，收养渠道不通畅，获取收养信息又太不方便。从某种程度上讲，这也是造成合法收养不成才私下"收买"的原因之一。

很多的"拐卖者"也不会大摇大摆以拐卖者的形象出现，也往往是以"民间送养"值得同情的形象出现。实践中，亲生父母出卖自己的亲生子女的情况并不鲜见，有一部分被拐卖的儿童就是为父母、亲友所卖的。（何林泓《收买被拐卖的妇女、儿童罪研究》，西南科技大学硕士论文）这也与《收养法》中对被收养人的条件限制过严有一定关系。

也就是说，我们在考虑对"买孩者"进行治理的时候，也同样要对合理的收养和送养的需求进行疏导，也要保护这些合法的诉求。

一方面是孩子越来越少，越来越重要；另一方面生不了孩子的家庭渴望为人父母的良善愿望难以满足。还有其他一些种种原因，导致无力抚养孩子的情况也时有发生，却又无处"送养"。如果这些合理的需求能够得到合法的满足，必然可以堵塞很大的非法市场，也会形成一种治理效果。将民间送养适度的合法化，不也是一种"没有买就没有拐卖吗"？

在"拐卖"问题的治理中不只有刑法一个维度，《收养法》

也是另一个重要的维度。通过引入社会化参与的方式，利用互联网模式解决送养难和收养难的问题，也是在对犯罪源头进行治理，实现诉源治理的效果。

在合法的途径更为方便的前提下，通过非法途径的"收买"行为的主观明知也更容易判断，其主观恶性也就更加明显，在这种情况下，再加大对收买行为的处罚力度，就会显得更有针对性，也更加符合刑罚的谦抑性。

第四章

上诉与抗诉

"技术性上诉"的抗诉

针对"技术性上诉"的抗诉，是以往审判监督理论的一处空白，或者说它有着不同的逻辑。

以往的抗诉，不仅是判决裁定确有错误，而且还要错到一定程度，才能达到抗诉的标准。以量刑不当为例，那一定是要畸重或者畸轻。这非常类似于《刑事诉讼法》第 201 条中的"明显不当"。也就是说如果要抗量刑不当的判决，那就一定是明显不当。有一点不当的，比如应该判 6 个月的，判了 5 个月或者 7 个月，都不好叫做"明显不当"。

当然，这是传统的审判监督理论。它实际上就是建立在分寸感基础之上的，目的在于维护既判力，这也包括维护未生效判决的权威。也就是说对于一审已经下判的判决，就不要轻易启动二审改来改去了，这样对整个司法权威是不利的。

检察机关有义务共同帮助审判机关维护这个司法权威。这是因为检察机关作为法律监督机关也有自己的权威，抗诉也是一种监督权，一旦启动必然就以检察机关的权威来担保这个监督具有很强的必要性，否则不会轻易启动。因为启动的次数不可能过多，启动的程序比较繁琐，启动所消耗的成本也很大。同时，通过法律监督权来制约审判权，如果不能收到十分重大的成效，就会显得小题大做。

必须要承认的是，抗诉这种监督权本质上还是一种请求权，最终决定是否改判的权力还是在法院自身，如果有错不改，检察院也是没有办法的。既然是请求权，就不能要求抗诉百发百中，所以部分案件的不成功不能否认监督的意义。

所以传统理论还是认为抗诉要以纠正大错为主，对于小错的纠正持一种非常慎重的态度。

但是认罪认罚带来了新的变量。

除了既判力需要维护之外，具结书和认罪认罚的严肃性也需要维护，因为认罪认罚上诉所暴露出的虚假认罚，实际上就破坏了认罪认罚制度的严肃性，这在一定程度上也破坏了司法权威，甚至愚弄了司法权威。目前的判决是通过虚假的手段换来的，就是内心不认罚，通过伪装为认罚换来的。这个判决虽然也有既判力需要维护，但是一味维护这个既判力，那么司法被愚弄的既成事实也就被一并维护了。

也就是说既然不真诚认罚，又通过上诉撕毁了具结书，那就说明不应当再继续给予其从宽的待遇，需要体现罪责刑相适应的原则，恢复到正常的量刑幅度上来。而正常的量刑幅度显然要重于从宽之后的量刑幅度，那就意味着二审需要加刑才能真正实现罪责刑相适应，才能恢复正义的本来面貌。

由于上诉不加刑的限制，如果没有检察机关的抗诉，二审是不能加刑的，因此可以说检察机关的抗诉是恢复正义原貌的唯一出路。

抗诉必然要动摇既判力，这在传统的抗诉理论中是非常慎重的，是一定要有畸轻畸重为程度限制的。但是根据前文的分析，此时的既判力也是司法受蒙蔽、受愚弄的既成事实，如果此时仍然固守畸轻畸重的限制，就意味着司法受愚弄的程度必须达到相当严重的程度才能得到维护，这无疑是荒谬的。此时的既判力实因为受到欺骗而被玷污了，因此失去传统意义上的维护理由，尤其是其本身还是尚未生效的判决。

因此，虽然这些"技术性上诉"的抗诉最后纠正的只是少量的刑罚误差，但其挽回的绝不仅仅是这些刑罚，还有司法神圣不可侵犯、不可愚弄的尊严。这种尊严的不可挑衅性，也是有些国家设立藐视法庭罪的重要原因。

此时的抗诉就是在传达一个信号：这是司法的底线，是不容易触碰的。因为我们一旦允许和纵容一两个挑衅，那其他的挑衅就会接踵而至，那样我们的防御成本就会更高，司法的权威就会受到更大程度的破坏。就像破窗效应，司法就会变得可欺可骗可辱，那法律的秩序便无法得到维护。这也是抗诉一案警示一片的理论依据，抗是为了不抗。

抗诉不是为了那么一点刑期，而是为了让公众知道，司法程序绝不是儿戏，违约都要承担违约责任呢，欺骗司法机关不更要付出代价吗？从宽难道是随便糊弄来的吗？司法绝对不是可以愚弄的。

所以，此时的抗诉是在维护共同的司法权威，此时的司法权威高于既判力的价值，既判力的价值已经被受骗的事实抵消了，所以即使没有达到畸轻畸重也值得一抗。

而且此时的抗诉并不是在制约审判权，而是在帮助审判权，二者共同维护司法权威——虽然并不是所有审判人员都能够理解。

好在越来越多的人对"技术性上诉"的提抗已经有所了解了。但是对于上诉之后，又撤回上诉这个问题还是有认识不清的地方。

有人认为既然撤回上诉，那就意味着悔改，这也就意味着之前的挑衅结束了，偃旗息鼓了，那是不是也就没有必要这样剑拔弩张了？此时继续支抗好像就没有意义了，不少检察机关就选择撤回抗诉了。认为抗诉的目标没有了，抗诉的理由不存在了。

这还是对认罪认罚抗诉的特殊性没有认识清楚。

认罪认罚的抗诉目标从来不是上诉本身，而是包括上诉暴露的不真诚的认罚态度，以及一审受蒙蔽后错误判下的从宽刑罚，法官是没有过错的，但是判决是错误的，也就是给了不该给的从宽，抗诉就是把这个从宽的刑期要回来。

这些并不会因为上诉人撤回上诉而自动撤回，撕毁的具结书不会被自动粘上，已经暴露的不真诚认罚，不会因为撤回上诉就变成真诚，已经破坏了的司法权威也不会自动得到修复。因为对其他人的负面示范作用已经产生，也就是说认罪认罚之后上诉没事，上诉随便。如果检察院抗诉，那撤回上诉就行了。有些人为了达到留所服刑的目的，他撤回上诉了，他的目的也达到了，因为他要的是拖延下监时间，而不是真的获得改判。你这个时候撤回抗诉其实是正中他下怀，你的同情根本没有用对地方。

如果说抗诉是有成本的，那撤抗更是有成本的，因为撤抗会让前期付出的司法成本付诸东流，也就是白抗了，不仅是刑罚没有要回来，尊严也跟着丢了。

而且由于没有通过一抗到底形成更加强烈的信号，没有体现出维护司法尊严的坚强决心，就很有可能引来更多的投机者试探反悔需不需要付出代价。但他们会感觉到根本没有什么代价，很多时候检察机关还主动退让，审判机关一再迁就，两者在维护共同司法权威的问题上分歧还很大。一个想帮着维护，一个说"不用你管"。此时传达的一定是一个错误的信号，是一个"谁不上诉谁傻"的信号，那就必然进入一个双输的局面。这是司法权威被嘲弄，司法效率低迷的恶性循环。这对认罪认罚不上诉的老实人也是一种不公平，对坚持提出抗诉努力维护司法权威的人也是一种不公平。

撤抗是容易的，不抗诉更容易，但是重拾司法权威，维护良法善治的局面可就难了。

"技术性上诉"的识别

"技术性上诉"就是没有真正的上诉理由，只是硬找一个理由，为了上诉而进行的上诉。

比如为了留所服刑，但又不好意思说，因为这不能构成对判决的实质上的不服，也就是并不是认为判决有错误，但为了让这个上诉显得有说服力，随便找一个像样的理由而已。这个理由往往就是"量刑过重"。但并不是真的认为"量刑过重"，只是将上诉当作拖延下监或实现其他目的的手段，因此才被称为"技术性上诉"。

针对留所服刑的"技术性上诉"早就存在了，但是之前没有签署具结书享受从宽待遇之后的反悔问题，因此对司法权威和司法秩序的破坏并不突出。

在认罪认罚之前的这种上诉，毕竟没有被告人本人对量刑建议的认可和承诺，因此也就不存在背信的问题，其真实诉求和对量刑的诉求很难完全分开。

"技术性上诉"近年来集中显现，主要有三个方面的原因。

　　一是认罪认罚的全面推开，尤其是认罪认罚适用率的普遍提升，这就意味着对量刑建议表示认诺的被告人的数量有了极大的提升。背负诚信义务的被告人也随之增多。

　　二是危险驾驶这个罪也几乎是与认罪认罚同时推开的，目前占到了全部案件的 30%，直接促进了犯罪结构从重刑向轻刑的转变。这个罪名很适合做认罪认罚，刑期也就是数月，也很容易产生留所服刑的需求。这个罪最多判 6 个月，如果判 4 个月，或者 5 个月，就会引发这种诉求。

　　三是轻罪羁押率实刑率较高，也就是说这是短期自由刑闹的。法律人对短期自由刑主要是从人权保障、交叉感染等方面考虑的。但是被告人考虑得更加现实，主要是日常生活和工作网络的撕裂问题。虽然这是几个月强制性离开，但可能产生很多严重的后果，比如工作没有了，公职的话就是"双开"，进而导致家庭关系破裂，人际关系网络崩溃。

　　在现在紧密相连的社会中，一旦稍长时期的离开，尤其是没有正当理由的离开，就会给社会网络留下不可磨灭的印象。也就是所有人都会知道你"进去了"，即使后来你"出来了"，这个污名性的烙印也是无法洗脱的。

　　这造成了一种效果，凡是"技术性上诉"的几乎都是判实刑的，判缓刑的几乎没有"技术性上诉"的。这个"技术性上诉"不仅是为了留所服刑，还有不想被收监的。也就是因为一些疫情原因，需要羁押但没有羁押，但判了实刑，执行刑罚时需要收监的情况。因为担心收监，不想与社会网络脱节，也有不少被告人选择了"技术性上诉"。一是为自己争取一个"不进去"的机会，二是可以在外边多待几天。但是按照一般的量刑惯例，又难以争取到缓刑的机会，所以只好先把具结书签下来，到时候再搏一把。

这到底应该怪谁呢？

根本上的解决之道，当然是刑罚的轻缓化，尤其是非监禁刑的广泛适用。但是这需要一个非常漫长的过程，我呼吁了危险驾驶轻缓化处理很长时间，反对声音仍然是很强烈的，从公众的正义感和司法决策层的决心来说，都需要一个逐渐适应的过程。

在无法做到不羁押不监禁的现实情况下，对"技术性上诉"还是要进行规制的，这个道理之前讲过了，本文重点要强调的是如何识别。也就是我们要将这些真正的"技术性上诉"识别出来，与"实质性上诉"区分开，进行有针对性的规制，才能在维护司法权威与保障当事人上诉权之间找到平衡。

这个"识别"应该在规制前进行，也就是在提抗前识别。提抗后再去识别，就只能面临要不要撤抗的问题了，会导致效率低，效果也不好，而且诉讼成本也付出了。

在提抗前核查上诉理由这个事，之前不是抗诉的必经环节，因此很少有人去做。

但是面对"技术性上诉"的特有的抗诉类型，这个环节可能就是一个必经的环节，因为既然你是针对"技术性上诉"提抗，那么你总要识别出它是"技术性上诉"吧，否则你的提抗理由就不对。

当然，真正的抗诉理由是"技术性上诉"暴露出的不真诚认罚态度，以及法院因受骗所作出的错误从宽判决。

但是现在的情况是普遍将认罪认罚之后的上诉都当作"技术性上诉"，这显然是没有道理的。你没有问过他，又怎么知道他到底是怎么想的呢？

你怎么知道他不是为了促成和解，赔偿损失等可以理解的理由，或者因为对认罪认罚的沟通上存在误解，或者对案件的事实有实质性理由而提出上诉呢？

虽然这个人你曾经见过，也跟他签过具结书了，但是在上诉反悔之后你没有再去见他，你不了解他心理的变化，你对他上诉的理由就有可能是臆测，结论就有可能是武断的。

我反对一有上诉就马上抗诉的草率做法，我认为一定要对上诉理由好好分析一下。有些上诉是因为对认罪认罚政策存在误解，甚至是原来有沟通不到位的地方。和他们讲清楚了，有些人在上诉期就可以撤回上诉了，就可以避免一个上诉案，也避免了一个抗诉案件，这既降低了诉讼成本，提高了司法效率，也维护了司法的威信。

因此，上诉后提讯上诉人并审核上诉理由，应该成为针对

"技术性上诉"而抗诉的必经环节，同时还可以发挥息诉服判的功能。我建议上级院在指导此类抗诉时，首先就要问基层院是否开展了这个工作，效果如何，真实的上诉理由如何，然后再作出是否同意抗诉的决定。

但是必须承认一点，很多检察官得知上诉消息的时间都很晚，有些时候甚至超过了抗诉时间，都没法抗了。这里既有看守所送达的衔接问题，也有法院告知的衔接问题。检察机关得知上诉信息往往要经过看守所和法院两个环节，周期更长，因此很容易发生滞延，从而严重压缩了抗诉准备。因此，检察机关应该与看守所建立上诉信息的直报通道，看守所在得知上诉信息后，通过快捷方式同时告知审判机关和检察机关。为了尽快获得信息，甚至都不要上诉状的流转，只要电话通知就可以收到效果。

现实中也存在部分被告人压哨上诉、卡点上诉的情况，也就是等着快到期了才上诉，这样即使检察机关以最快的速度了解到上诉信息，也几乎没有从容的审核时间。这种情况下，可以通过远程提讯的方式，在最短的时间内与被告人进行简单的沟通确认，并将其"压哨上诉"的方式放到"技术性上诉"的判断之中，看看他是不是故意这样干的。

在上诉理由的审核过程当中，会出现各种情况，留所服刑的理由是最典型的，具体讲起来，包括监狱条件不好，吃得不好，需要劳动等。还有人会说和这边的人都比较熟悉了，不想换环境重新适应，或者在看守所服刑给别人的印象好像没有去监狱那么重，这就是将个人的喜好意愿置于监管秩序之上，与公平性和执法严格性有着很大的冲突，正常的监管流转秩序容易被打乱。总之，留所服刑是比较纯粹的"技术性上诉"理由。

对于不想被收监的理由，上诉人的解释也是五花八门，比如自己公司有事没处理完。类似的也有一些因为家庭事务和个人事务的理由。

还有一些比较值得理解的理由，是在促成和解和争取赔偿，这就对案件的处理比较有利，虽然也是上诉，也有反悔，但是功过就可以相对抵消，也不能说这是纯粹为了个人利益的"技术性上诉"了。

还有一些上诉是因为误解，比如值班律师告诉他签具结书的意思是会在量刑建议之下量刑，甚至有些法官也是这样告诉被告人的，这就让他有了过高的期待，从而引发了上诉。还有一些是量刑建议没有完全说清楚的，比如已经是取保状态的嫌疑人，建议了一个两个月的刑期，但没有说明是实刑还是缓刑，不少嫌疑人就本能地理解为缓刑，因为自己原本是不羁押的状态。但在判了实刑准备收监的时候懵了，感觉受骗了，这就会引发上诉。虽然从形式上不能说是检察官做的不对，但是非专业人士对这未必清楚。由于这种误解而提出的上诉，就不好说是技术性的上诉。对这种情况，我们要求承办人注明实刑，让嫌疑人看清楚，能够接受就签，接受不了就不签，避免因此而引起的上诉。

还有一些是对共同犯罪中刑罚平衡性的不满和误解，这需要进一步做一些释法说理的工作，以在一定程度上消除误解。

还有一些上诉是因为同监室人员的鼓动，或者个别人通过"技术性上诉"获得利益的传说，或者是抗诉极少而产生的上诉没人管的假象。甚至有些人就是为了去中级法院开庭中午能够吃上包子。这就说明，被告人完全不把司法权威和法律制度的严肃性放在眼里，这也是为什么对此一定要抗诉的原因。对于正确上诉理念的引导，可以通过将一些典型抗诉案例拍成宣传片等方式进行播放和传导，消解一些投机主义的、盲目的上诉行为。

对于那些没有消解掉的、比较典型的"技术性上诉"行为应该充分发挥抗诉一案警示一片的作用，绝不能因为撤回上诉而撤回抗诉，尽量要一抗到底，发挥抗诉的最大作用。

但是对于那些不典型、可同情可理解的上诉案件，还是要多做教育转化和息诉服判的工作，在最大程度上消除误解，对这些案件的抗诉上要尽量坚持审慎的原则。

也就是要秉持有所区分、有所坚持的抗诉原则。

就像张军检察长说的，抗其实是为了不抗。

"技术性上诉"的规制

关于"技术性上诉",有人提出具结后放弃上诉权的思路,这虽然可以从根本上解决"技术性上诉"的问题,但会形成实质的一审终审制。对此我表示明确反对。

虽然我始终主张通过抗诉的方式解决反悔上诉的问题,也属于比较强硬的态度,但这与一审终审还是两个概念。

因为即使是抗诉也仍然是在二审终审的框架内,在让上诉人为背信行为付出代价,将骗取的从宽要回来的同时,并不影响被告人的程序救济权利。万一真的有冤情呢?万一真的不是自愿的认罪认罚呢?万一不是他干的呢?只要有二审存在,只要有口头表示就可以轻易启动的上诉救济程序在,这些风险就会被审视。

所有的自律都是一种他律,二审是一种最低程度的他律机制,不能被废止。

以审判为中心不仅仅是一次性的实质性庭审,还包括那些可以跳脱本地保护主义更高级别的审判，陌生而公正的裁判者，效率不高但更加严格的审理方式……这些可以让当事人可以获得更加纯粹的法律保护。

虽然这个保护也可能被滥用，比如"技术性上诉"：它是对复审制度的滥用，名义上是寻求保护，本质上是抵赖必须要遵守的法律义务。虽然我也提出了一些识别的方法，但是到底什么是"技术性上诉"，上诉人心里到底是怎么想的，有时候是无法真正查实的，我们的权衡其实也是一种价值选择。

在选择的过程中，不能将真正寻求法律保护的途径完全堵死，为了有针对性地规制"技术性上诉"，只能耗费精力和成本进行必要的识别。在识别出来之后，通过抗诉的方式，追回从宽的待遇，使"技术性上诉"者付出一定的代价。

当然，这些抗诉也只是一些请求权，如果真有冤情，法官无须为抗诉背书，也是以审判为中心的应有之意。如果没有冤情，或者没有值得同情和理解的理由，只是为了功利的目的而"技术性上诉"，那么审判机关应该支持抗诉理由，让上诉人付出应有的代价，同时也给其他潜在的"技术性上诉"者一个明确的信号：任何人不应从其不诚信、不守规则的行为中获得利益。

这是对"技术性上诉"的基本规制。

但这只是一种事后补救措施，虽然能够起到抗诉一案警示一片的作用，但是这仍然是针对个案、低效的处理方式。

而且由于审判机关对"技术性上诉"的危害不理解，对认罪认罚和确定刑量刑建议持不同的意见，导致许多时候，对此类抗诉行为持不支持的态度。

这就会产生一种抗了也白抗的效果，极大地消减了抗诉的警示效果，甚至产生一种相反的作用。

也有很多的被告人仍然对认罪认罚政策理解得不够，对"技术性上诉"持有投机性心理，对上诉之后检察机关的反应缺少认识。抗诉不仅是为了矫正正义，更重要的是传达检察机关维护司法严肃性的坚决态度。正因此，抗诉是重要的，让被告人了解对检察机关对"技术性上诉"会坚决抗诉，而且还有可能抗赢，投机的行为有可能弄求成拙才是更重要的。

但是这种话不能直接写到具结书上，也就是一旦上诉就会抗诉，这似乎会成为某种威胁，影响认罪认罚的自愿性，也影响了真实的救济诉求表达，而且事实上也不是一旦上诉就会抗诉，还是要检视真正的上诉理由。这种规制方式，有复杂问题简单化的倾向。

作为解决方案之一，我认为可以将针对"技术性上诉"抗诉成功的案件拍摄成宣传片。这可以让潜在的上诉人全面了解检察机关的抗诉政策，以及有可能改判的事实，让其在轻易反悔之前对利益进行必要的权衡，而不是无所顾忌。

最重要的是，可以避免对抗诉政策的私下揣摩和传播，让抗诉政策有一个稳定、清晰、权威的传递通道，让被告人避免误判。

这种方式也没有对真正的冤情关闭救济的大门，它的救济渠道依然畅通，而且在检法博弈的背景下，这种真正的救济更有可能获得审判机关的支持。

抗诉仍然是一种巨大的司法成本，仍然要用在刀刃上，要通过上诉后提讯等方式，尽早核实真正的上诉原因，做到有的放矢，有针对性地提出抗诉，并能够坚持到底，从而产生精准有力的效果。

只是上述所有这些仍然是一种"堵"的规制方式，真正可能发生"疏"的作用的规制仍然是轻缓化的处理方式，也就是尽量不羁押不监禁，敢用善用不起诉权，真正体现刑罚的谦抑性，坚持刑罚及其执行方式的比例性原则，这才与犯罪结构的轻罪化方向相吻合。

不能机械理解一抗到底

我很同意该抗的案件一定要抗，那些恶性比较严重，上诉毫无道理的案件，更应该一抗到底。

但这并不意味着对全部案件都要一抗到底。

不得不承认，认罪认罚之后又上诉，是一种反悔，应该将从宽的待遇找回来。但也要承认，有些上诉虽然有反悔的成分，但也有一些值得同情理解的成分，也符合一些常情常理。

比如为了治病而上诉。有人会问，治病和上诉有什么关系？

有一定关系。有些地区轻罪的羁押率、起诉率、实刑率比较高，但是由于疫情原因之前不好收监，所以处于取保状态，但具结书签的是实刑，这个被告人也知道，法院也是按照这个刑期判的。

这种案件在当地一般也是这么判的，也没有超出常规的量刑规律。

但是毕竟被告人一直在外面，一旦要收监，虽然进去的时间不是很长，但是考虑到与家人的分离，与社会关系的脱节，既有的工作会中断，心里总还是打鼓的。尤其是有一些人有一些疾病，有些是重病，需要必要的医疗条件。

因为想治病而上诉，以拖延被收监，为自己的治疗争取点时间，这个虽然也是反悔，但是多少还是有一些值得同情之处。与单纯地为了留所服刑，不愿意下监劳动改造，担心监狱服刑条件艰苦的理由，在性质上还是有所区别的。

还有一些是熟人之间的犯罪，有些人就是想利用上诉的时间再争取筹集一些钱款努力做一些赔偿，或者争取谅解。有些争取谅解的行为甚至是比较具体的，比如将房子挂牌出售了，但是还没有售出或者回款。这些虽然也是上诉，但还是有利于修复社会矛盾的，这种修复的努力多少是可以与其反悔的不良后果相抵消的。

尤其在这个时候，有些上诉人又撤回了上诉，这些案件如果还坚持一抗到底就会让人感觉不近人情，好像也并不那么符合常情常理了。

这里还引申出两个问题，也就是在无正当理由上诉之后，提抗之前，检察官是否对上诉人真实的上诉理由进行核实，对上诉意愿是否进行确认？实践中很少有人去做这些工作。

直到二审的时候检察官才知道，原来是这个上诉理由啊，好像不太适合支抗。如果早知道是这个理由，根本没有必要直接提抗，在进一步讲明政策之后，有些当事人就撤回上诉了，这就从根本上减少了一个二审案件。

对真实上诉理由的审核应该成为提出抗诉前的一个必经环节，这就可以减少很多不必要的上诉和抗诉案件。

还有再进一步的，我们要考虑，这些人为什么非要上诉不可？这些人一定要羁押、起诉和判实刑吗？

我们有没有考虑过轻罪高羁押率和短期自由刑的危害？将人从社会网络上撕裂下来的那种痛苦才引发了所谓的反悔上诉。

而且对于罪行极其轻微的案件，羁押、起诉、判实刑的必要性到底又有多少？

如果那个治病的人判的是缓刑，那他一定没有必要再去折腾上诉这件事，他看病还来不及呢。

还有很多危险驾驶的被告人，比如酒后挪车的人，如果也可以不羁押判缓刑甚至不起诉，那他还有什么理由再去反悔上诉？再去折腾什么留所服刑？

本质上来说，反悔上诉也是对轻罪严惩的一种抗拒，轻罪严惩某种意义上也是一种机械执法。

也就是说，其他人都实刑了，给你实刑你有什么不愿意的呢，你有病就可以例外吗？

确实，其他人也实刑了，其他人都接受了，但这并不意味着这种刑罚方式就是恰当的，就是应该一直如此的。

我们在反思上诉抗诉的时候，同时也应反思一下刑事政策和刑罚的谦抑性。

很多时候，抗诉并不是给被告人本人看的，也是给其他被告人和潜在的被告人看的。任何人不应该从自己违法或者不诚信的行为中获得利益。抗诉也是在维护司法权威和司法秩序。关于如何判断是否应该一抗到底，并没有简单的标准，这需要从案件本身的特殊性出发，紧密结合认罪认罚的相关政策做精细的考量。这需要相对专业化的判断，不应简单地"一刀切"。

反悔上诉的判决不是确有错误是什么？

有观点认为，认罪认罚反悔上诉的，即使检察机关抗诉，也不一定是判决确有错误。因为有可能后来又达成刑事和解了，因此不一定就是量刑不当从而进行改判。

这里隐含了几个问题。

1. 到底有没有错误

反悔上诉之后判决到底有没有错误？是有的有错，有的没错，还是处于一种待定的状态？是二审期间达成和解就没错，达不成和解就有错，还是怎么着？

不管后来怎么样，从上诉本身来看，就是推翻了之前认罚的承诺了，这一点没有什么可以质疑的吧？

因为这个量刑建议是被告人同意过的，不是检察机关单方面决定的，现在就按照这个判，你还是认为重，那还能叫认罚吗？

只要否认了认罚，就不再符合认罪认罚的条件，就不应该再适用认罪认罚条款。这不是二审阶段不适用认罪认罚的意思，而是一审就不应该给你适用认罪认罚，因为你是虚假认罪认罚，是通过装作认罪认罚骗来的从宽待遇。

那么，一审对于一个不应该适用认罪认罚的人，适用了认罪认罚，而且还予以了从宽。这不是确有错误是什么？

这至少是法律适用错误，这还有什么可犹豫的？

如果根据认罪认罚规定已经给予了从宽的，那现在发现其不是真的认罪认罚，就不应该给予从宽，这不是量刑不当又是什么？当然了，还有个别的案例是认罪认罚之后，没有予以从宽的情形，这种当然不属于本文讨论的范畴，但这是极少数的情况，因为从宽是一般性的情况。

从予以从宽到不应予以从宽，不改判怎么体现？

当然，这种量刑的不当，往往不是明显不当的幅度，一般来说是只是偏轻，但是偏轻也是不当啊，也不能说偏轻就没事了，就没有错误了。

2. 错误与过错

不属于认罪认罚当作认罪认罚判了，不应当从宽予以从宽了，这当然是一种错误。

但是有错误不一定就意味着责任。这几年一直在推行司法

办案责任制，主张终身追责，因此谈到责任往往就会比较敏感，很多人就会往后躲，最后就连错误也不敢承认了。

有没有一种错误是无心之失，是完全是没有过错的？在刑法上就有啊，比如意外事件，因受骗陷入认识误区，又尽到了注意义务的。

反悔上诉就属于这种情况。检察官和法官都被骗，但又都尽到了责任，检察官在律师的见证性下与被告人签订了具结书，也对其进行了充分的解释说明，在法庭上法官反复向被告人核实了认罪认罚的真实性和自愿性，也得到了被告人的正面确认。

在这个时候，谁能预见到被告人不是真诚认罪，而是利用上诉，把它当作留所服刑的工具，或者侥幸获得进一步从宽的工具？

一般情况下，正常人都无法识破这个骗局，司法官也一样。因此即使将不真诚认罚的人当作真诚认罚的人，适用了认罪认罚并予以从宽，也不能说司法官有过错，从而要追究刑事责任。根据最近召开的政法领域全面深化改革推进会的精神，要完善容错纠错机制，建立容错证明清单，我认为反悔上诉所导致的判决错误就应该纳入免责清单。

这是一种典型的有错误无责任的情形。

但是由于我们之前没有类似的容错清单，误以为只要有错误就要承担责任，为了不承担责任，就不愿意承认有错误，进而更不愿意改正错误，这就会导致一错再错，由小错的无心变成了回避错误的有意。

对于反悔上诉的判决，不愿意承认有错误，本质上是害怕被追责，担心在追责的时候进行机械性判断和唯结果论。

3. 纠正的必要性

既然有错误，是不是一定要纠正，是不是要有错必纠？

为了体现司法的绝对公正，我们往往主张有错必纠。但我们是做不到的，也没有必要做到。

首先，错误不一定都会被发现。其次，即使被发现，也还要考虑纠正的成本。对于判决来说最重要的就是既判力，也就是判决的稳定性。

传统的审判监督理论认为，抗诉要掌握必要性，在量刑上要讲究畸轻畸重的判断。也就是对于那些偏轻偏重的错误判决就不抗了，不再纠正了。不抗并不意味着没有错，只是认为纠正的成本与既判力被破坏的成本相比，维护既判力更重要。

维护既判力就是一种容错的机制。通过容错维护司法的权威和稳定。

但是审判监督理论也要根据时代的发展而不断变化。传统的畸轻畸重理论，在2006年的时候就由高检院的《关于进一步加强刑事抗诉工作强化审判监督的若干意见》调整了，也就是在一些偏轻偏重的案件中，影响恶劣的也要抗诉。也即对于既判力的保护不能仅从刑期一个维度考虑，不能说差得多就抗，差得少就不抗，还要考虑公众的正义感受。

我们现在比较关注的反悔上诉，这是认罪认罚之后的一个新现象，传统的审判监督理论并没有涉及，因为它有上诉因素的特殊性。

审判监督的理论发展趋势中已经有了相当的解释空间，那就是从畸轻畸重的单一维度向复合型维度转变。

我们可以从这个意义上分析一下，反悔上诉的问题除了量刑的不当，还有什么危害性。我个人认为大致有七个方面。

一是违背诚信原则。具结书也是一种承诺，反悔上诉就是违背了承诺，撕毁了具结书，那依据具结书进行从宽的依据也就没有了。如果不通过抗诉的方式矫正这种行为，就意味着一个人可以通过违背诚信的行为获得利益，这违背了一般的法律原则。

二是破坏司法权威。明明并不真诚认罚，还伪装成认罚来骗取从宽待遇，这一过程贯穿于与检察机关签署具结书、接受审判的虚假表示之中。司法机关也已经按照他本人认诺的刑期处刑。这种蓄意的欺骗司法机关的行为，是对司法权威的公然挑衅。如果对这种行为姑息纵容，必然有损司法公信力。

三是破坏法律确定的服刑秩序。比如留所服刑，这是法律确定的服刑制度，不以任何人的意志为转移，不能因为挑剔服刑场所待遇，就任由被告人通过上诉方式拖延下监执行，这是对服刑秩序的破坏。如果默许此种行为，就如同发现有人插队而不予制止一样，马上就会造成恶劣的示范效应，就会有更多的人加入上诉队伍中来，从而给服刑秩序造成更大的破坏。同时，这对其他真诚认罪认罚、踏实下监服刑的人也是一种不公正。

四是有可能获得不当利益。如果检察机关不抗诉，在仅有上诉的情况下，审判机关就会受到上诉不加刑的束缚，判刑只能更轻而不能更重。这就会给被告人带来一种预期利益，也就是上诉只有好处没有坏处，从而引诱更多人追求这种预期利益。虽然这种预期利益很大程度上不过是以维持原判收场，但只要有极个别的改判，或者被告人保有可能改判的念想，就会成为鼓励反悔上诉的动力。只有通过抗诉，才能使审判机关不再受上诉不加刑的束缚，从而体现罪责刑相适应的原则进行公允量刑，也就是既可以轻也可以重，而不是只能轻不能重。这就可以打消被告人之前"稳赚不赔"的如意算盘，恢复到更加理性的上诉态度上来。

五是改造难度增加。通过反悔上诉暴露出的投机主义的态度，也表明其改造难度有所增加，从宽的刑罚量已经不能满足改造需要。

六是诉讼效率损耗。认罪认罚从宽制度的目的就是提高效率，也因此才给予量刑方面的从宽。现在从宽给了，但效率却损耗了，认罪认罚的目标就落空了。

七是社会公众的观感方面。从法律制度的设定和公众的观感来看，认罪认罚是为了提高效率而设定的，它不应该为破坏效率者买单。也就是纵容此行为，有违公众的预期，从而使其失去对司法制度的信心，也就是某种意义上的恶劣影响。这七点额外影响因素，再加上偏轻偏重的标准，就足以构成推翻尚未生效的一审判决裁定既判力的理由。

　　而且这个既判力，也已经经由被告人提出的上诉而发生了动摇。与传统意义上的抗诉案件不同的是，我们讨论的反悔上诉的案件，首先是上诉案件，不管你抗不抗诉，反正判决不会马上发生法律效力。这与我们不抗诉，被告人又没上诉，一审判决裁定就将生效的情形是完全不同的。

　　还有一点更大的不同，那就是这个较弱的既判力还包裹了被告人通过不诚信行为骗取的从宽利益。如果检察机关不通过抗诉动摇它，这个所谓的既判力就只能按照有利于被告人的利益而生效，也就是除了这个从宽利益铁定到手之外，上诉人还有可能拿到更多。这样说来，这个既判力就不是纯粹的既判力了，它不是单纯的法官犯错误那么简单，还包含了被告人的背信行为。保护这个既判力，就相当于也保护了这个背信行为。这就与传统抗诉理论中的既判力有着很大的不同，这是一个受到背信、反悔行为污染的既判力。因此，与以往的既判力相比，它就显得没有那么值得保护。从这个意义上来说，它就更加值得被纠正。

所以，针对反悔上诉，纠正是原则，不纠正才是例外。

就像文章开头的观点提到的，争取刑事和解了，就是为化解矛盾做贡献了，这在一定程度上可以抵消它的负面影响，根据实践情况，也没必要撤销上诉人的从宽待遇了。对于这种案件，一般就不宜抗诉，自然也就没有必要改判。

但是必须强调的是，这种情况都是极少数的，可以说是凤毛麟角。因为如果要和解的话，往往在审查起诉阶段，至迟也在一审宣判前达成了，即使没有赔偿到位，也是赔偿了一部分，至少也是有了一定的意向。而这些情节都会考虑到量刑建议之中，成为认罪认罚的一部分。

很少有一审判决之后再张罗这种事，而此前却无动于衷的。

把这种极特殊的可同情可理解的情况，当作一般性情况予以考虑，是混淆视听的行为。

而即使二审赔偿和解了，也不能否定一审阶段通过欺骗手段获取认罪认罚从宽的事实，也不能否认一审判决将不是认罪认罚的人当作认罪认罚的人来判的事实。错误是不容否认的。

在纠正的必要性方面，程度的问题不应该当作是非的问题，个别性的问题也不应当当作一般性的问题。

4. 上诉权保护

有些观点往往将针对反悔上诉的问题上升到打压上诉权的

角度来考虑，这是一种动辄上纲上线的讨论方式。

抗诉权怎么可能打压得了上诉权？法官都说了，反悔上诉不一定是判决错误，即使抗诉也不一定纠正。而且事实上也是这样做的，实践中，反悔上诉抗诉成功的很少。

这说明了什么？这说明抗诉只是一种救济权，虽然它也被赋予了监督权的意味，但最终决定是否改判的还是法官。即使判决确有错误，即使有种种的危害性，也没有见到一般性的予以改判。

抗诉有道理的案子都不一定改判，更不要说上诉理由充分、确实有冤屈的案件，怎么能够期待法官为检察官背书？这意味着抗诉对正常的上诉权毫无阻碍作用。

因此，抗诉对上诉并无负面影响。

抗诉解决的主要是无正当理由上诉问题。刚才分析的为了留所服刑等技术性上诉，有多重的危害，如果不抗诉，那就意味着法官毫无办法，因为受到上诉不加刑的限制，只能从宽。

因为不从宽，也就是撤销原来的从宽待遇，相对来说就是在加重刑罚，只靠法官单方面是做不到的。只有通过检察机关的抗诉，才能使法官获得更加公允的量刑自由度，才能作出符合罪责刑相适应原则的判决。

因此，检察机关的抗诉不是在打压上诉权，而是为法官的自由裁量权松绑，是在维护共同的司法权威，同时也是对无正当理由上诉权予以适当的治理，使其付出应有的代价。

对任何权利的保护都不是无原则的迁就。如果在它挑战司法权威，破坏多重法律价值和社会价值的情况下，还予以无原则的保护，这不仅是对违法行为的妥协，对合法行为也是不公平的，是对司法权威的损害。

更不能因为不愿意帮助别人树立司法权威，就拿上诉权说事，连自己的司法权威和公信力也不要了。

这是损人不利己的行为，是对整个司法都有害的行为。

上诉率是认罪认罚下半场的关键所在

认罪认罚的发展很像互联网经济，上半场主要是规模。

如果没有规模，互联网经济根本就没有意义。成本降不下来，消费习惯改变不了的话，那资金、技术的投入就没有动力，就无法摆脱传统经济的巨大惯性，就无法实现信息化的商业模式。

改变传统的巨大惯性，同样也需要巨大的推动力，这个推动力只有积累到一定的量才能发生改变，才能产生摆脱传统地心引力的作用，产生离心力，进而飞向远方。

由淘宝、京东开启，随后拼多多、美团、小红书接棒，围绕电商又产生了顺丰和三通一达等物流企业，以及支付宝、微信支付的电子支付平台。在这个过程中，社交被搬上网络，QQ、微信成为主要交往平台；从腾讯、爱奇艺、B站的大视频，到抖音、快手的小视频。它们逐渐成为我们主要的娱乐渠道；得到、喜马拉雅还发挥了音频学习平台的作用。嘀嘀、摩拜改变了我们的出行方式，不管去哪我们常会使用高德地图，找饭店我们使用大众点评，出行旅游的 App 更是不胜枚举。不管你干什么，都有一个 App 为你设计好了。

如果互联网没有形成规模和习惯，上面的 App 还可能存在并发展吗？还有人为它们投资吗？电子地图、移动支付、智能算法、5G 技术还有人研发吗？社会能像现在这样如此迅捷吗？

我们都知道，互联网经济刚发展起来的时候问题还很多，比如一些电商平台有假货，信用体系没有建立，影响交易安全，很多 App 用一用就被淘汰了，很多网站的内容一开始比较庞杂混乱，物流根本做不到这么快。

正是因为有了电商规模的提升，物流才值得一干，才值得大举投入，才值得自建仓储，自建货运机场。有了海量物流的需求，才有了智能算法调度的需求，万物才值得互联。万物互联，以码相连，才有了扫码支付。

互联网的经济运行能力，又反哺了互联网时代的行政管理能力。

行政运行的方式也被互联网改变了。因为大家都在网上，所以找人也可以网上找，发通知也要在网上发。在报纸上发的新闻大家可能不知道，但是通过朋友圈刷屏的新闻大家一定都知道。每一个人都可以成为一个自媒体，每一个传统媒体也同样要成为自媒体才能受到应有的关注，才能发挥应有的价值。因为大家的注意力转移了。

认罪认罚的上半场主要抓的是适用率，虽然也有量刑建议的提出率和采纳率，但是适用率是最重要的。

因为没有规模，一切都免谈。这与互联网经济是一样的，没有规模根本就没有后续的发展，就没有未来。

规模不是终极目标，但没有规模就连开始都谈不上。

比如确定刑量刑建议，如果适用率只有 1%，即使确定刑量刑建议都被采纳了，也只是 1%，对整个刑事诉讼大局毫无影响。

这个 1% 能够形成后续的大量机制，能够产生海量的典型案件，能够带来人员素质的大幅度提升，能够引起刑事诉讼模式的转型吗？

这显然是不可能的。

比如值班律师，如果一年没有几个认罪认罚的案件，那律师就没有必要在看守所和检察院耗着了，可能连值班律师这个制度都没有存在的价值了，偶尔有案子，协调一下就行了，更不要谈这项制度的完善了。

如果还是 1%，也没有必要为此专门设计什么审查报告模版了，简不简化也没有什么意义了。

如果只是这么一丁点儿的案子，还能投入大量的经费研发大数据的量刑建议系统吗？样本也不够啊。

更不会借鉴健康码的模式投入大量技术资源研发非羁码，以贯彻少捕慎诉慎押的政策了。更有可能的是，少捕慎诉慎押的政策都很难产生出来了，因为缺少大规模不捕不诉的动力。

也不会浪费时间进行教育转化，劳心费力地进行追赃挽损。没有认罪认罚从宽的明确预期，嫌疑人也没有动力努力赔偿，并争取达成刑事和解。

传统的刑事诉讼模式确实是稳定的，但是化矛盾、促和谐、消戾气的作用也发挥不出来。被告人虽然判得重，但他从心里未必认同，身体受到改造但是内心未必接受改造，复归之后融入社会将是一个难题。而且被害人也未必满意，因为他们所期望的赔偿、被告人对罪行的忏悔可能都没实现。

这些后续的、细节的制度设计，都需要认罪认罚产生一定的规模效应之后才能进行。这样才有助于降低制度完善的成本，提升周边投入的动力。

就像互联网经济成为巨量的规模之后，周边配套的资源才会因为有利可图而向其靠拢。

认罪认罚也一样，只有上了规模之后，量刑标准细化、量刑能力提升、同堂培训模式、诉讼模式改造等周边项目才会觉得"有利可图"。

很简单的一点体现就是，因为这项制度使用的经常性、高频性，为此撰写一些学术专著和论文才变得值得，购买一本相关教材才变得值得，组织一场培训、参加一场培训才变得值得。

而如果适用率一直微不足道，前面说的这一切都会变得可有可无。

大规模才会引来高投入，高投入才会变得更完善，而更完善才能转化为高质量。

因此，在规模和质量的比较上，规模是前提，质量是下一步。

所以说，高质量才是认罪认罚的下半场。

这就像互联网的下半场是一样的，它一定是更加便捷、安全、多元和人性化的。很少有粗制滥造的 App 了，因为人们变得越来越挑剔，获客成本越来越高，不以质取胜根本没有机会形成规模。

之前形成规模的头部 App，现在都在拼质量拼服务，因为他们有了长期的数据积累，了解了用户使用习惯，通过小步快跑的方式，进行无数次迭代从而实现了质量的提升。

习惯用的 App 都变得很好用了，不好用也活不下来。

同样的，认罪认罚如果不好用，也会活不下来。

因为推动规模使用的行政杠杆终有用不动的那一天。这就像互联网经济烧钱换规模是一样的，但是烧钱肯定不可能是无止境的，一定还是需要盈利模式，需要实现正向的现金流，实现一种自我的循环，否则必将无以为继。

认罪认罚也必须要寻找一种自我的循环，也就是要进化出一种内生性动力。

从内部来看，就是要让司法官自己愿意用，能够提高效率，吸引资源，并能够提升效果，而且在这个过程中能够尽量减少额外的付出，同时能够带来额外的收获，比如内部的激励机制。

从外部看，要能为当事人带来实际的收益，被告人能够得到从宽处罚的实惠，而且这个实惠一定是有相当吸引力的，被害人也能够尽快地、更多地挽回自己的损失，并得到被告人真诚的道谦，让被害人在物质上和精神上都有一种获得感。

律师在这个过程中也能够发挥出应有的作用，通过开展认罪认罚，能够实实在在为当事人争取到实惠，自己也能通过这种工作争取提升辩护的效果，为其辩护拓展空间，让当事人及其家属看到律师的作用，从而增加潜在客户，这也是名与利的实际回报。

因此，认罪认罚下半场所追求的质量，主要是从效果意义上来谈的。

也就是不仅量刑建议要精准，确定刑量刑建议还要被采纳，而且这种采纳还能满足被告人的心理预期，让其心服口服，能够真正地服判息诉，降低上诉率。

在适用规模提升之后，确定刑量刑建议的提出规模也要再上层楼，采纳率要维持在95%以上，更重要的是能够使上诉人真心满意。对于蓄意利用认罪认罚实现留所服刑或者心存侥幸想要轻上加轻的，也必须使其付出应有代价，取消其从宽待遇。

为了提高真正的质量，还要确保认罪认罚的规范性和公正性，这可以通过同步录音录像等方式固定控辩协商的关键过程。

为了保证诉讼顺利进行，同时尽量体现实体从宽与程序从宽相结合，通过电子手铐等各种技术手段在不羁押的情况下进行监控，从而降低羁押率和实刑率，通过短期自由刑的降低减少刑罚的负面影响，为被告人回归社会创造更加有利的条件。短期自由刑的降低必然能够提高被告人的获得感，通过维系其既有的社会关系，减少其对抗和情绪波动，也必将极大地降低上诉率。

上诉率是衡量认罪认罚下半场的最关键指标。确定刑做不到位的，不可能形成明确的预期，没有稳定的预期，就容易产生反悔现象。此外，即使确定刑到位了，但是认罪认罚程序上不规范、不严谨，也同样会引起被告人不满和误解，被告人也必然通过反悔上诉的方式表现出来。

因此，上诉率是认罪认罚下半场的标志性指标。

支持处罚反悔上诉，只是担心被扣分

有一些读者认为，法官还是支持检察机关打击不诚信的被告人的，只是抗诉成功后法院系统会被扣分，检察院会得分——都是绩效考核惹的祸。

因为担心绩效考核，因此即使应该改判的，也不太敢改了，因为改了要扣分，扣分对法官和法院的影响是实实在在的。

说来说去，扣分才是关键。

检察机关内部也有这个问题，比如无罪就会被减分，根本不问有没有公诉责任。

这与抗诉改判减分是一个道理，那就是在内部管理上简单粗暴，不问青红皂白，结果归责，形式归责。虽然是司法机关，但是判断责任的时候往往并不依循法律原则和程序原则。

我在以前的文章中也论述过，反悔上诉的审判责任，是典型的有错误但无责任。真正的责任在反悔上诉的被告人，法官是受骗了。

而且这种骗几乎是难以察觉的，毕竟人心隔肚皮，即使尽到了注意义务，在法庭上看着被告人的眼睛，问他认罪吗，量刑建议同意吗，他说他都认，当时也有律师的见证，现场也有辩护人的辩护。又有什么理由怀疑他不是真的认罚，只是侥幸心理，先认了再说？这种真心认和表面的认能识别出来吗？对于他认了之后，还想通过上诉来留所服刑这种事，是他藏在心底的动机，又如何能够判断出来？

因此可以说，当时适用认罪认罚从宽制度没有任何问题，法官判得也没问题，直到他反悔上诉之后，所有人才恍然大悟，原来他是装的啊！这个从宽被他骗到手了。

这种假认罚显然是不能适用认罪认罚从宽制度的，如果这样也适用那就是一个法律错误，只是法官后来才知道而已。

因为不知道，因为被蒙在鼓里，因为受到了欺骗，所以陷入了认识错误，因此是没有过错的。

但是不能因为没有过错，就不承认有错误，就不更正。就像银行被骗了，柜员没有责任，那钱就不要了吗？那错误给钱这个事就不存在了？显然没有人会同意。

不是不想承认有错误，就是因为不想被扣分。因为错误与过错捆绑了，或者没有人加以区分。

刑法上讲究主客观相一致原则，但是绩效评价的时候没有人讲这个了，全是结果归责了。

这是很不科学的，也极不公正。

因为一个人不应对他毫无过错的行为承担责任，这样归责才能起到预防作用。

如果惩罚了一个因为反悔上诉，抗诉后被改判的法官，那他如何能够避免下一次反悔上诉的发生？你如果是负责扣分的人，你问一下自己，如何能够避免这种结果的发生？

你根本就无法避免，因为这就不是你的错误，你也控制不了别人的谎言和欺骗。

控制谎言和欺骗的最好办法，就是由欺骗者承担责任，而不是让被骗者承担责任。也就是谁干的事谁负责，这是一个多么简单的道理。

被告人生了病，却让法官吃药，这个病还能治好吗？

不区分客观的错误和主观的过错，就容易产生法官代人受过的问题。

法官为了避免代人受过，就不再让被告人承担责任，也就是大家都不吃药了，这样自己也就能够免除吃药的义务了。但是病怎么办呢？

这就成了讳疾忌医。

不但不谈被告人反悔的责任了，反而大谈被告人的权利，说这就是应该的。但是，上诉是可以的，反悔绝不是应该的，绝不是毫无代价的。

其实法官也知道，反悔不是应该的，在保证上诉权的同时，不能把不讲诚信的行为也一起保护了，不能让法律规定的从宽就这样白白被骗走了。

因此，想把从宽要回来，就要改判，而抗诉改判是要扣分的。所以，不是法官真的不想主持正义，真的不想与违背诚信的行为抗争，只是不想让自己或者自己的同事承担无妄之灾。

但是这种无妄之灾不是法律的问题，这是考核制度的问题。

是考核制度的机械、唯结果论，才导致应当主持的正义不敢主持，应当追究的责任不敢追究，从而混淆了是非。

本来应该要求完善的内部考核制度，因为不敢主张，不敢造次，结果却将正常上诉与反悔上诉混为一谈。本来应该反对的是内部机械执法，如今却怪起了抗诉的外部监督。

外因毕竟是要通过内因起作用的，检察机关的抗诉不会直接给法官造成负面影响，是内部绩效考核的不问青红皂白导致了最终的后果。

因此，这才是导致不敢惩治、不敢纠正反悔上诉的症结所在。如果能够公允地区分客观行为与主观过错，明确对反悔上诉的抗诉改判行为是属于判决有错误但法官无责任的审判行为，在纠正之后，法官不用扣分，就可以解除依法改判的后顾之忧。

这也可以给法官松绑，敢于对违背诚信的被告人说不，让其承担应有的代价。让不法行为吃上对症之药，这不仅有利于法律秩序的维护，也有助于司法威信的树立，更有利于法官坚定主持正义的信念。

好的绩效考核机制一定是要符合基本的法律原则和程序原则的，一定是不能违背人性，违背基本的正义观念的。好的绩效考核机制会让法官放心大胆地行使他们神圣的审判权，且不逾矩。

后　记

　　司法是非常严肃的活动，也是关系重大的活动，司法官应该承担起责任来，这一点无可厚非。只有承担责任，司法官才能非常严肃地看待自己手里的工作，才能非常慎重地行使自己的权力。责任既是压力也是动力。但现在的问题，往往是只有责任而没有权力，只有风险而没有收益，这就让人有一点喘不过气来。而且是越是底层责任越大，层级高了反而有了推脱的空间，这就让人有一点气馁。想着都升迁吧，但是大部分还是要在基层，干活的还是基层的人。我们讲责任，也要一份权一份责，责权利要对等。不是他决定的事，为什么要让他负责？拍板的人为什么却不用负责？这涉及一个基本的公平性问题。这个公平性将关系司法长远的未来。

　　那就是每个人都能够对自己的行为承担责任，法律面前人人平等。司法责任最重要的就是每位司法官对自己的司法决定承担责任，不是自己决定的就不用承担责任，而作出司法决定就一定不能逃避责任。如果要更多的审批、领导决策，那审批者和决策者就要承担相应的审批和决策的责任。这个承担不仅仅是理论上的，更应该是实践中的。而且，虽然是责任，但责任也应该有必要的时间和空间限制，不应该是无穷尽、没完没了的责任。负责也要有一定的规则，不应该是随便负责，随便谁都能追究责任。否则，就不是责任而是风险了。

司法的功能之一不就是让人能够免于恐惧，让风险尽量可控吗？要让别人能够免于恐惧，总得自己先免于恐惧吧。本书讨论的就是司法官如何能够免于恐惧的问题。

本书的创作一如既往地得到了家人和朋友的默默支持，"刘哲说法"的读者也给了我很多的鼓励和反馈，从他们的点滴留言中我也体会着一份沉甸甸的责任。

我还要感谢清华大学出版社刘晶编辑以及其他工作人员的持续付出，他们出版的系列书籍体现出了非凡的勇气和毅力，向他们致敬！

2022 年元月于西直门